北霊怪談
ウェンルパロ

春南 灯

竹書房
怪談
文庫

目次

※本書に登場する人物名は、様々な事情を考慮してすべて仮名にしてあります。また、作中に登場する体験者の記憶と体験当時の世相を鑑み、極力当時の様相を再現するよう心がけています。現代においては若干耳慣れない言葉・表記が登場する場合がありますが、これらは差別・侮蔑を意図する考えに基づくものではありません。

エゾシカの群

旭川に住む小野寺さんが、深夜、山あいの道で車を走らせていると、突然、バンパーの辺りから強い衝撃が伝わった。

——何かと、ぶつかったのか？

車を路肩に寄せ、降りて確認したが異常はない。

首を傾げつつ、再び車に乗り込むと、どこからともなく甲高い鳴き声が聞こえてきた。

道路の両サイドには、豊かな森が広がっている。

街灯の疎らなこの道は、二筋のライトが照らすほかは、漆黒の闇に包まれていた。

助手席の窓から、何かが此方を覗き込んだ。

咄嗟に送った視線の先に、立派な角を生やした牡鹿の顔があった。

——なんだ、鹿か。

ホッと胸を撫で下ろし、鹿の顔を眺めた。

全てを見透かすような無垢な瞳で、じっと此方を見つめたまま、するすると闇に溶けた。

身を乗り出して、助手席の窓から、外の様子を窺っていると、視界の端で何かが動いた。

それを追って、フロントガラスの向こうに目を遣り、唖然とした。

何十頭の群だろうか？

続々と車道を横切る鹿は、大きな躯体で軽やかに跳ね、対岸の森へと消えてゆく。

ふと、足音ひとつ聞こえない事に気が付いた。

よくよく見ると、鹿の体は半透明で、道の向こうが透けて見える。

不思議と、怖さは感じなかった。

——最後の一頭が、渡り切るまで待とう。

ゆったりとシートに寄りかかった小野寺さんは、映画でも観るかのように、鹿の群を眺めた。

渡り終えるのを待つ間に、うとうとと眠りに誘われ、目を瞑った。

コン、コン。

窓を叩く音で目が覚めた。寝ぼけ眼を向けた先には、警官が立っている。

慌てて車から降りると、警官は、小野寺さんの頭の先から足の先まで、じろじろと鋭い視線を向けた。やましい事は何もない。だが、自然と鼓動が速くなる。

「大丈夫？」

予期せぬ、優しい声色に驚いた。

「いやぁ、ちょっと眠くなってしまって。休んでたんです」

取り繕うように、愛想笑いを浮かべた。

「ここで休んでいて良かった」

警官が道の先を指した。

ほんの数十メートル先が、大量の岩と土砂で埋め尽くされている。

――あの時、停車せずにそのまま走っていたら……。

「エゾシカに助けられました」

そう話を締めくくった小野寺さんは、照れくさそうに笑った。

羆嵐の現場にて

吉村昭氏の小説『羆嵐《くまあらし》』のモデルとなった『三毛別《さんけべつ》羆事件《ひぐまじけん》』は、大正四年十二月に発生した。開拓民の集落が、冬眠を逃した〈穴持たず〉と呼ばれる羆に襲われ、幼い子も含め七名もの方が亡くなった、史上最悪の熊害事件である。

昨年春、雪どけ間もない頃、半年ぶりにこの地へ向かった。

事件跡地がある六線沢《ろくせんさわ》は、苫前《とままえ》町中心部から南へ三十キロメートル程。道を進むにつれ、道路脇の田畑に残る雪が増えてゆく。

当時、集落に外部への連絡手段はなく、未整備の道に降り重なった深い雪を漕いで、やっとの思いで助けを求めに行ったという。

私は、事件跡地を訪ねる際、付近の神社の境内に建立されている『熊害慰霊碑《ゆうがい》』へ必ず立ち寄り、手を合わせてから向かうのを常としている。

いつものように、路肩に停めた車から降りた瞬間、体の表面をさわさわと撫で回されているような感覚を覚えた。

一歩々々、慰霊碑に近づくにつれ、体のざわつきが増す。

何かに急かされるように、慰霊碑の前に立ち、瞑目して両手を合わせた。


「ガァシゴイナイネ」


しわがれ声が聞こえた。

単調な囁きが、繰り返し、繰り返し、耳の奥に響く。

——声の主は？

無意識に固く閉じていた瞼を、うっすらと開けた。

目の前に、唇が浮いていた。

青紫のそれは、貝のようにぱくぱくと開閉し、幻のように消えた。

今迄、何度かこの地を訪れているが、このような事は初めてだった。

現地へ向かうのは止めておくべきか？

暫し、逡巡したが、自らを奮い立たせ、予定通り跡地へと向かった。

『六線沢』の駐車スペースには、一台の車が止められていた。

復元家屋の前で、若い男女のグループが、キャァキャァ騒ぎながら写真を撮っている。あまりの騒々しさに、グループが去るまで車内で待つことにした。シートを倒し、吉村氏が羆嵐を執筆するにあたって参考にしたという、元林務官の木村盛武氏の著書『慟哭の谷』のページを捲った。

私の祖父も、木村氏と同様の職に就いていた。かつて、祖父が聞かせてくれた、現役時代の実体験と重なる記述があり、つい、時間を忘れ読み耽った。

「ガァシゴイナイネ」

慰霊碑の前で聞こえた声だ。

面をあげると、すでに若者の車は無い。

着いた時には、まだ芽の硬い枝の間から、春の陽が射していたが、いつの間にか日は陰り、どんよりと薄暗く、重い空気が漂う。

「ガァシゴイナイネ」

呟くように、囁くように、でもはっきりと聞こえる、その声の主を探した。

車の外にも、中にも、私の他に誰も居ない。

ここに居るのは、私だけだ。

その事実を受け入れた瞬間、我に返った。

無我夢中でエンジンをかけ、車を発進させると、声はぴたりと止んだ。

事件跡地から続く砂利道を抜け、舗装された道路に出た辺りで、ふと後方が気になった。

バックミラーを覗くと、跡地の出入口あたりに、大小三つの人影が並んでいる。

着物姿の三つの影は、じぃっと此方を見つめているようだった。

事件から百年以上経った今も、助けを待っているのか……。

悲しみが心を揺さぶり、その場で手を合わせた。

あの時耳にした言葉の意味が知りたくて、様々な資料を調べたが、未だ、その意味に辿り着けないままでいる。

天狗の棲む島

凪いだ海面をかき分け、波紋を生む船首を眺めながら、一時間ほど船に揺られ、とある離島の港に降り立った。宿に荷物を置いた大畠さんは、早速、島の散策に出た。

初夏の陽光が降り注ぐなか、島の輪郭をなぞるように歩く。

軽く汗ばんだ身体に、時折、ひんやりと吹き付ける柔らかな潮風が心地好い。

通りかかった崖先に足を向けた瞬間、それを拒むかのように、突風が吹きつけた。

予期せぬ猛烈な風圧に、堪らずその場に座り込む。

一瞬で走り去った風は、肩から提げていたバッグを連れ去った。

眼下に広がる、穏やかな海面に、ゆらゆらと赤いバッグが漂っている。

――あーあ。

とても拾いに降りることはできない高さ、だ。

気に入っていたバッグだが、中身は地図やノートで、大したものは入っていない。

潔く気持ちを切り替え、パンフレットに載っていた、オンコの木が群生する森を目指した。


森に足を踏み入れると、そこはまるで童話の世界そのものだった。

鬱蒼と茂った木々から漏れる日を浴び、散策路を歩む。

幾つかの古木を過ぎた傍らに、一本の若いオンコが倒れかかっていた。

数本の枝が、折れ、垂れ下がっていたが、幹は折れていないようだ。

軽く幹を立て直し、不自然に露出した根に土を被せ、再び、散策路を進んだ。


歩いて、歩いて、宿に戻り、部屋の畳に寝転ぶ。

——あぁ、歩いた。

じんわりと心地好い疲労感を覚えつつ、寝転んだまま、ふくらはぎを揉みほぐす。
ふと、視界の隅に、赤いものを認めた。

——んっ？

床の間に、赤いバッグが置かれている。
バッグに印字されたロゴと、魚のバッヂに見覚えがあった。

——まさか。

バッと、中を覗き込む。
地図、ノート、のど飴の袋が底に転がっていた。
やはり、先刻、落としたものだ。
不思議なことに、バッグの布地はおろか、中身も全く濡れていない。

海水に浸ったとは、到底思えなかった。


誰かが、拾って届けてくれたのか？

でも、こんな短時間で、身元も記していないものを、どうやって？

次々と、疑問が湧き出る。

──女将に訊ねてみよう。

そう思い立ち、階下へ降りると、女将が受付に座って暇そうに新聞を読んでいた。

女将に声を掛け、バッグを差し出す。


「これ、海に落としちゃったんですけど、部屋に戻ったら置いてあったんです」

女将は、僅かに首を傾げ、何かを思い出したように、ポンと手を打った。

「天狗さん、かねぇ？」


この島の森には、天狗が棲んでいるという。

オンコの木を伐ろうとすると祟りがある。そのような言い伝えが、残っているそうだ。

――自然を守るためかな？

よくある言い伝えのひとつ。そのように思いつつ、静かに、女将の話に耳を傾けた。

「あっ、わちの従兄弟！」

穏やかに話していた女将が、突拍子もない大声をあげた。

数十年も前のこと、周囲が止めるのも聞かずオンコを伐りに行った女将の従兄弟が、夜になっても戻ってこなかったという。

「浮いとったの。海にぷかぁっと」

手のひらを、宙にふわふわと泳がせた。

「おっかないしょ、天狗さん」

意味ありげな笑みを浮かべた女将は、そのまま厨房に姿を消した。

コロポックル

その年は、極端に雪解けが遅く、五月初旬になっても、ぐずぐずと雪が残っていた。

タカコさんが地元の山に入ったのは、五月の最終週のことだったという。

目当ては、笹の子と呼ばれている山菜だ。

笹の子は細い筍のようなもので、北海道では自生しない筍の代わりとして、愛されている。

最初は、慎重に辺りを確認しながら、笹藪をかき分けて進んでいたが、採取に夢中になるうち、道を見失ってしまった。

腕時計を見ると、午前十一時。

まだ日が高いうえ、何十年と、毎年入っている山である。

——太陽の位置を頼りに下りられるだろう。

さほど深刻に捉えず、笹をかき分けては、笹の子を手折った。

「わかっとらんぞ」

「わっちも、こうだった」

「おうおう、みとれ、みとれ」

「でられんがようになるぞ」

「ほほほほほ」

幾人かのヒソヒソ声が聞こえた。

――笹薮の向こうに、山菜採りのグループが居るのだろう。

人の気配に安堵し、笹薮をザッとかき分けたが、誰もいない。

「ありゃー」

「さがしとるんかな」

「ほほほほほ」

「もう、ずうっと、おらんならんのにな」
「うごけるうちは、みんなこうよ」
「ほほほほほほ」

不安定なボリュームの囁きが、とぐろを巻いて襲いかかった。
ぐらぐらと目眩を感じ、天を仰ぐ。
雲ひとつ無い晴天の頂に位置していた太陽が、がくんと傾いた。
まるで、早送りするかのように、どんどん西へ落ちてゆく。

あっという間に、とっぷり暮れた。

――夢でも、見てるんだろうか。

到底、現実とは思えない。
だが、夢というには、すべてが生々しい。

木々の葉擦れ、腐葉土の匂い、袋に詰まった笹の子が、これが現実であることを示していた。

——こんなことになるとは。

リュックの中には、水と、草刈り鎌、ハサミしか入っていない。

暗闇に絶望し、がくんと座り込んだ。

ピーー

ピィーー

ピーー

プピーー

——草笛？

ぱっと顔を向けた先に、点々と光の道が現れた。

おそるおそる近付き、光を覗き込む。

笹の子を手折《たお》った断面が、仄かな光を発していた。
手探りで、近くの笹をかき分けると、光の道が続いている。

――もしかしたら、私はもう死んでいるのかも……。

そう感じてしまうほど、幻想的な光景だ。
導かれるように、一歩――慎重に光を辿る。

急な斜面を滑るように下ると、見慣れた車道に出た。
アスファルトの上に、ぽつぽつと水滴を零したような光が続いている。
光を辿った先に、自分の車を見つけた。
駆け寄ると、ボンネットがきらきらと光を放っていた。

「あっ、来た」
「わっ」

駆け出す、小さな足音とともに、二つの背中が斜面の蕗の下に消えた。
それは生後間もない、赤ん坊ほどの背丈だったそうだ。

大函

温泉街を通過し大函《おおばこ》に到着したのは、二十三時すぎだった。

だだっ広い駐車場の真ん中に車を停め、ライトを消した瞬間、後部座席の那津子と瞳はおどけて悲鳴をあげた。

懐中電灯を手に出た車外は、想像よりも暗く、空を彩る満天の星に溜息が漏れた。

隣接する橋の先にある廃トンネルは、ぽっかりと口を開けて周囲の闇よりも更に深い闇を覗かせている。

「前まで行こっ！」、怖いもの知らずの瞳は、ズンズン前へ進んでゆく。

那津子と身を寄せ合うようにして、瞳を追った。

トンネルに続く、短い橋に足を踏み入れた瞬間。

勢いよく渓谷を流れる水音が鼓膜の中でぶつかり合い、足元が揺れているような錯覚を覚えた。

一歩ずつ地面を踏みしめ、漸く辿り着いたトンネルの前には、腰の高さほどのゲートと通行止めの看板が、行く手を阻んでいた。

トンネルの中は、天井からの落石か、拳大の石が無数に転がっている。

ふと横を見ると、瞳がゲートを跨ごうとしていた。

「やめなよぉ」慌てて袖を掴み制止する。

既にゲートの上に挙げていた左足を下げ、瞳は、駄々っ子のように頬を膨らませた。

ドォンッ

闇を切り裂くような、大きな落下音がトンネルの中で響き、パラパラと小石が散らばるような音が聞こえた。

「ほらぁ、危ないよね？　写真撮って帰ろう」

恨めし気にトンネルの中を見つめる瞳の袖を引いた。

しぶしぶ頷いた瞳の気が変わらないうちに、カメラを手に橋の中程まで走る。

くるりと振り返ると、並んで佇んだ二人はトンネルの方を向いていた。

「撮るよー！　こっち向いて！」

水音に負けぬよう、大声を張り上げたが、聞こえないのだろうか？
二人は、トンネルを向いたまま、じりじりと一歩ずつ後ずさりしている。
何度呼んでも此方を向かない。
――もしかして……、ヒグマ？
人里離れた山あいである。出てもおかしくはない。
――とにかく、車を寄せて二人を乗せよう。
全速力で車へと走り、とび乗った。

二人の姿は、まだ橋の中程にある。
依然、トンネルを向いたまま、後ずさっているようだ。
乗り込みやすいよう、橋の袂《たもと》に車をつけ、窓から顔を出して、二人を呼んだ。

ヒュッ

何かが、目の前を掠め、車内に顔を引っ込めた。

ヒュッ

空を切ってバレーボール大の白い球が、フロントガラスの前を横切った。

ヒュッ
ヒュッ

それは、ぐるぐると、車の前で、大きな円を描く。

――なんなの!?

得体のしれない何かを追い払いたい一心で、強くクラクションを押した。

プァーッ

刺すような警笛が鳴り響く。

大きな弧を描いていた球が、視界の高さでぴたりと静止し、くるりと回転した。

『それ』と目があった。


――くぅっ……。


睨みつける眼に、喉が抑えつけられ声がでない。

「はぁっ」

息が漏れ出た瞬間、静止していた『それ』がフロントガラスに衝突した。

重い衝撃が、シートに伝わる。

ボールのように跳ね返った『それ』は、周囲を確認するようにぎゅるんと旋回し、トンネルの中へ飛び去った。

僅かな静寂の後、叫び声とともに車内に飛び込んできた友の声で我に返り、慌てて車を発進させた。

帰り道の車内は、水を打ったように静まり返っていた。
話題を探すが、会話が長続きしない。
旭川までは、まだ距離がある。このままでは、眠くなりそうだ。
早苗さんは、温泉街にあるコンビニの前に車を止めた。

灯りを見て落ち着いたのか、後部座席の二人が口を開いた。
二人が言うには、私がトンネルから離れてすぐ、中から唸り声が聞こえてきたという。
――動物か？
少しずつ、後退し、橋の中ほどに、至ったところで、トンネルの中から、男の生首が、飛んできたそうだ。

辺りは暗いというのに、顔の皺まで鮮明に見えた、その生首は、あっという間に車に至り、まるで、警戒するかのように、車の周囲をぐるぐる回り始めた。

トンネルの中へ、飛び去るまで、生きた心地がしなかった、と。饒舌に見たものを語る。

「で、早苗は見たの？」

瞳の口調は、まるでコイバナを訊く時のように軽やかだ。

「えー、今、言いたくない」

コーヒーのボトルを持つ、右手が震える。

「なんで？　言いなよぉ」

甘ったるい口調で、しつこく食い下がる、瞳の口を塞ぎたい。


――それ以上、何も言うな。


そう、心の中で叫んだ。

バックミラーに、『それ』が映っていたから。

ぱちん

お盆休みを利用して、強制連行関連の場所を巡っていた高瀬さんは、東川町の東十四号墓地を訪れた。

『中国人殉難烈士慰霊碑』は、墓地の入り口近くに建っており、ひと目でわかったという。

慰霊碑の裏へ回り込み、碑文を黙読していると、どこからともなく、何かを弾くような音が聞こえてきた。

パチン
パチン
パチン
パチン

墓地の奥に、墓参に訪れている家族連れの姿を認めたが、どうやら碑の正面のほうで鳴っているようだ。

ひょいと、碑の向こうを覗く。

碑の向かいに建っている地蔵の傍らに、可愛らしい幼女が立っていた。

両手を胸の辺りで組み、親指の爪を弾いている。

淡い朱色の浴衣を着た幼子は、じっと一点を見つめていた。

その視線の先には、墓参の家族連れがいる。

——はしゃいじゃって、怒られたのかな?

幼少期、墓地で走り回って、こっ酷く叱られた記憶が蘇った。

爪を弾く音は気になるが、碑文に視線を戻した。


カメラで慰霊碑を撮影していると、車のエンジン音が聞こえ、少しの間を置いて白いワゴン車が走り去った。

パチン
パチン
パチン
パチン

あの家族と、一緒ではなかったのか？
——近所の子なのかな？　でも、あんな小さい子、ひとりで出歩かせないよね。それに……。

考えを巡らせながら、幼女に視線を送る。
いつの間にか、幼女の視線が自分に向いていた。
じっと、此方を見据えたまま、爪を弾いている。
声を掛けようと、数歩歩み寄った。

「あがぁ……ぐぅ……」

ぱちん

その瞬間、呻きに似た苦しげな声を発し、幼女は地蔵の中に消えた。

消える瞬間、目元を歪ませ、なんとも寂しげな表情を浮かべていたという。

「地蔵に、特に由来は書いてなかったんですけど。それぞれに人名が彫ってあったので、きっと慰霊のためのものだと思うんです」

生まれて三十数年、霊的なものは一切信じていなかった高瀬さんだが、初めて、それと思しき者を目にし、驚いたそうだ。


高瀬さんと知り合ったのは、とある酒場だ。

ひとりで飲んでいたときに、偶々隣りに座ったのが高瀬さんで、とりとめもない話の延長で、共通の趣味が判明し、会話が盛り上がった。

話が一段落したのを見計らって、怪談実話を執筆していると打ち明けた時、この体験談を聞かせてくださった。

この地蔵の由来を伝えると、「ああ、そんな事が。帰り際、手は合わせたけど、お線香あげればよかった」、そう悔やんでおられた。

地元では、東十四号墓地を、心霊スポットと認識している人が多く、通称『中国人墓地』と呼ばれている。

ここでの体験談も、多く耳にするが『中国人墓地で〜』という話ばかりで、この七体の地蔵の由来を語るものはいない。


この七体の地蔵は、大正十年に起きた『一家七人皆殺し事件』の被害者の慰霊のために建立された。

当時、連日新聞の紙面を賑わせ、近隣の住民を震撼させた凄惨な事件は、未だ、未解決であり、時の流れに埋もれつつある。

この事件のあらましは、東川町史にも記されている。

大正十年のこと。福島県から入植した者が暮らす、小さな集落で事件は起きた。

柳沢家に暮らす七人が、何者かによって撲殺され、そこに火が放たれた。

火事に気付いた集落の人間が、急ぎ駆け付けたが、燃え盛る炎を鎮めることは出来なかった。

一家七人のうち六人は、マサカリのようなもので頭部を殴られた跡のある、焼けただれた遺体となって、全焼した母屋で発見された。

妻のミヨ氏のみ延焼を免れた納屋の中で、発見された。発見時まだ息はあったが、後頭部を殴られ両目が飛び出した状態であり、間もなく息をひきとったという。

当時の新聞記事によると、当初、家長である為五郎氏の犯行か、近隣の人間の犯行であると目されていたが、警察の捜査は難航を極め、未解決事件として現在に至る。

この痛ましい、『一家七人皆殺し事件』は、時間の経過とともに、知る者も、語る者も少なくなった。

かくいう私も、若い時分にはこの事件のことは全く知らなかった。

東十四号墓地が、『心霊スポット』ではなく、『人々の魂が眠る地』として認識されることを望む者のひとりとして、どうかこの事実が広まればという思いから、詳細を記させていただいた。

鎖

明治時代の囚徒の足跡を辿って、月形樺戸《つきがたかばと》博物館を訪ねたときのこと。

博物館の正面に位置する、古い建造物は、もともと『樺戸集治監』の本庁舎として、明治十四年に建てられ、明治十九年火災によって焼失したが、間もなく新たな庁舎が建てられ、大正八年に廃監となるまで、実際に使用されていた建物だ。

それ以降、役場庁舎、行刑資料館と役割を変え、現在に至る。

ちなみに、集治監とは、現在でいう刑務所である。

その日は、私以外の来訪者はなく、じっくりと館内を見学していた。

床板をギシギシと軋ませながら、本庁舎の展示を見終え、博物館本館へ繋がる地下道を潜る。

本館には、集治監内の資料や、囚徒が実際に使用していたもの、歴代の監獄の長である典獄を紹介する展示があった。妙に詳しく記された、歴代典獄のプロフィールに口元を緩ませつつ、メモをとりながら順路を進む。

ふと、あるケースの中に、ぽつりと展示された『数珠』に目を奪われた。

母珠《もしゅ》の胡桃《くるみ》には、髑髏《どくろ》の彫刻が施され、ポッカリと空いた眼窩が虚空を見つめている。病監に収容されていた囚人が、貴重品である梅干しを特別に用意し与えてくれた、病監看守への感謝の気持ちを込めて、その梅干しの種を用いて作ったものだという。

メモ帳にペンを走らせていると、不意に、すっと身体を引かれる感覚が走った。

ジャラジャラ……

展示室の入口の方から、金属のぶつかり合う音が響いた。

ジャラジャラ……

隣の通路まで迫った。かと思えば、ぐんと室内の奥まで遠ざかる。まるで、潮が満ち干くようだ。

ジャラジャラ……ゴスン……

居所が定まらない、その音に、何かを引き摺るような重い音が加わった。

ジャラジャラ……ゴスン……

足早に、他の通路を覗き回ったが、誰もいない。
音の発生源が掴めぬまま、やがて音は遠ざかり、館内に静寂が戻った。
再び順路を進むと、錆びた鎖と鉄丸が展示されていた。『連鎖』と記されたプレートを目にして、すとんと腑に落ちた。

この日、御縁があって、地元の古老からお話を伺うことができた。

柔和な表情を浮かべた、絵に描いたような好々爺は、懐かしい昔話でも語るように、祖父母から聞いた開拓期の話や、不思議な体験談まで、様々な事を聞かせくださった。

私が、博物館本館で耳にした、金属の音と同じ音を、古老も、聞いたことがあるという。

「不思議な事が起きても、おかしくない場所ですよ。でも、怖い、というより気の毒でねぇ」

しみじみと、話を終えられた。

セトセ

「エンガルからマルセップに向かう途中にある、セトセのバス停で休憩しないほうがいいよ」

引き継ぎの際、前任の営業担当者が、ぼそっと口にした。

異動と同時に、道東方面を任されることになったが、土地勘のない玲香さんは、地名を聞いてもピンとこない。

担当エリアが広いことから、移動は長距離に及ぶ。時折休憩をとるが、コンビニや道の駅など、停車しても差し障りのない場所で、休息をとることを常としていた。

その為、自分には必要のない情報かな？　と、思いつつ、一応手帳に書き留めた。

秋が深まり、山の彩りが地に還った頃だった、という。

遠軽《えんがる》の得意先を出たところで、急遽、旭川へ行く用ができた。

遠軽から瀬戸瀬《せとせ》へ向かい、高速を使えば、午後には旭川に着く。

――暗くなる前に、戻ってきたいなぁ。

カーオーディオから流れる曲に耳を傾けながら、先を急いだ。

市街地を抜けたところで、着信音が鳴った。

オーディオの電源を切り、耳に嵌めている、ブルートゥースイヤフォンのスイッチを押したが、通話に切り替わらない。

電池の残量が無いのか、何度かスイッチを押しているうちに着信音は止んでしまった。

――困ったなぁ。

すぐに折り返さないとクレームになる事が多い。

走行している道は、国道ではあるが、片側一車線、路肩が狭く、中央には追い越し禁止のラインが引かれており、いくら交通量が少ないとはいえ、停車するのは気が進まない。

辺りを気にしながら、ゆるやかなカーブを曲がると、退避スペースだろうか、左に延びる砂利道が目に留まった。

ウインカーをあげ、速度を落とし、その砂利道に進入した。

数十メートルの長さに及ぶ砂利道の中央に、バス停がある。

充分なスペースがあるが、バスの妨げにならないよう、車を奥の出口近くに停めた。

スマホを見ると、得意先の気難しい専務の名が表示されている。

——げっ。早く折り返さないと。

慌ててかけたが、応答が無い。

——少し、待とうかな。ついでに、お昼食べちゃおう。

コンビニ袋から、おにぎりとお茶を取り出した。

冷たいおにぎりを頬ばりながら、フロントガラスの向こうを眺めた。

砂利道の突き当たり、数本の木々の陰にひっそりと隠れるように、屋根で覆われた石碑が建っている。

——何の石碑だろう？

残りのおにぎりを口に押し込み、お茶で流し込んだ。

運転席のドアを開け、右足を外に出した瞬間、電話が鳴った。

件の専務だ。

幸い、怒ってはおらず、納期についての確認であった。

鞄から手帳を取り出し、発注の際に転記したメモを探す。

ザッザザッ

車の外から、砂利を踏む音が聞こえた。

——あっ、バス来ちゃったのかな？

慌てて、電話の向こうで待つ専務に、かけ直す旨を伝えた。

「今、お店にいるの？」

「いえ、車です」

「やたら騒がしいね。ラジオ？　ボリュームさげてくれる？」

停車した際に、エンジンを切っている。車内は、無音だ。

車の外も、時折、車が通過する程度で、静かなものだ。

ザッ
ザッ

――もう、タイミング悪いなぁ。

心の中で、舌打ちした。

「ああ、すみません。車を避けなきゃいけないので、折り返します」

「いいよ、このまま待ってっから」


エンジンをかけ、バックミラーを覗いた。

バスがない。

他の車も、人の姿も見当たらない。

ザッ
ザッ
ザッ

ザッ
ザッ
ザッ

足音だけが、ぐるぐると車の周囲を回りだした。

ギアに置いたままの手が、どんどん汗ばむ。

――どうしよう……。

パニックに陥った。

両目から、水のように涙が流れる。

「おーい、もしもし！」

「はぃいいぃ」

なんとか、声を絞り出した。

「ラジオのボリュームさげてよ」

最初に電話がかかってきた時、オーディオの電源を切っている。

車内は、無音だ。

「聞こえてんの？　さげろよ。マナー悪いな」

舌打ちが聞こえた。機嫌を損ねてしまったようだ。

クレームだけは避けたい、その一心で、今の状況を告げた。

「なにもつけてないんです。今、瀬戸瀬に停車してて……」

「瀬戸瀬ぇ？　まさか、停留所？」

専務が素っ頓狂な声をあげた。

「そうです……」

会話をしている最中に、明らかに足音が増えてきた。


「そこ、早く出なよ、ほら、ほら！」

力強い声に背中を押され、おそるおそる車を出し、その場を離れた。

専務は、何か知っているようだったが、特に何も話してはくれなかった。

だからといって、自ら調べる気にもなれず、記憶に蓋をした。

以降、その道を通る時は、左側を見ないように通過していたそうだ。

山神碑

遠軽町中心部と丸瀬布《まるせっぷ》の間に、瀬戸瀬という地区がある。

『セトセ』で、玲香さんが目にした石碑は、『山神碑』といい、この付近にあった七号駅逓所に勤めていた、佐藤多七氏が中心となって、中央道路開削で命を落とした囚人たちの魂を慰めるため、明治三十八年に建立したものである。

ここ瀬戸瀬を越えた丸瀬布から北見峠までが中央道路の最大の難所であり、多くの犠牲者を出した地であった。

『瀬戸瀬仮監』は、中央道路開削に従じた囚人用に建てられたが、工区が北見峠側に前進するにつれ、病監へと役割を変えた。

道路完成の三年後、明治二十七年に、無人の『元病監』が、駅逓所に勤めるために入植した、佐藤多七氏に払い下げられた。

その建物の裏手には、まだ新しい六十七本の墓標があり、罪名と氏名が刻まれていたという。

「たすけてくれ」

「くるしい」

佐藤氏は、夜がな、嗚咽の交じる、悲痛なうめき声を耳にした。

——死して尚、苦しんでいるとは。さぞ無念であったことだろう。

囚人たちに心を寄せた佐藤氏は、できるかぎりの供養をしていたという。

だが、数年の後、大雨による河川の氾濫で、墓標が流出してしまった。

——これでは、忘れ去られるばかり。ますます浮かばれないのではないか。

そこで、近所の者とともに、山神碑の建立を計画した。

山神と刻まれている岩は、佐藤氏と近隣住民が協力して、間近の薬師山から切り出し、自らの手で運び設置したものだ。

建立時、『山神』と名づけたのにも理由があり、『囚人の墓』と刻むのは気の毒だし、後々手を合わせる者が途絶えるのではと案じた結果だという。『山神』と記せば、後世に亘って拝んでもらえる、そんな心遣いがあったそうだ。

建立時より、雨が当たらぬよう屋根に覆われている『山神碑』は、いまも地元の方の手によって、大切に供養されている。

私が、山神碑を訪ねた際も、周囲の雑草は短く刈られ、美しい生花が手向けられていた。

患者

かつて石炭の採掘で栄えた、北海道美唄《びばい》市の山間に位置する東美唄地区には、最盛期でおよそ数千人の方が暮らしていた。

東美唄地区の炭鉱関連施設は、国有地を借り受けて建てられていた為、炭鉱の閉山に伴い一部を除いて取り壊され、更地となった。現在は、『我路《がろ》』という集落の先は、保存されている炭鉱関連施設や記念館及び、『円形校舎』と呼ばれている旧沼東《しょうとう》小学校が残るのみで、かつて暮らしていた人々の営みを感じさせるものはほとんど残ってはいない。

現地へ赴いた際、家族でこの地区の炭鉱住宅に住んでいたという、横浜市在住の女性に出会った。

「山肌にぎっしり住宅が立ち並んでいて、そうね、まるで横浜の一部を切り取ったようだったの。今では、想像もつかないわね」

目を細め、懐かしそうに当時の様子を語ってくださった。

その方と別れた直後、林道で出会った城田さんという中年男性から、こんな話を聞いた。

山菜がとれる時期になるとこの辺りを訪れるという城田さんは、数年前の、とある沢の付近の斜面で、食べごろに育った沢山の蕨《わらび》を見つけた。

夢中になって採っていると、ガヤガヤと大勢の人の話し声が聞こえてきた。

草の間から覗き見た橋の上には、橋の幅いっぱいに、大勢の男がひしめき合っている。列は、橋の向こうへ続いており、木々に阻まれて先頭が見えない。

長年放置されているのであろう、古いコンクリート製の橋は、欄干が朽ち、橋脚には深い亀裂が入っている。

――あんなに大勢、どこに車停めてきたんだべ。あの橋も、あんなに乗ったら、危ないんではないかな？

橋の下を流れる美唄川の流れは穏やかだが、ひとたび崩れれば怪我では済まないのでは？　心配になって、声を張った。

「おーい！　あんたら、なしたんよ？　そこ、危ないんでないか」

最後尾に立っていた一人の男が振り向いた。

頭から足まで、全身が煤けたように黒く汚れている。


「なしたも、こしたもねぇ！」


怒声を放った男は、これでもかと目を見開いて、此方を睨め付けた。

——おっかねぇなぁ。

いまにも斜面を駆け上がり、殴り掛かってきそうな剣幕に気圧され、そそくさと路肩に止めた車へ戻った。


坂をくだり、丁字路に出てダム方面へ曲がれば、橋の前を通ることができる。

——相手は徒歩だろうから、車をわざわざ追って来はしないだろう。

こんな人里離れた場所で、あんなに多くの人が集まっている『理由』が知りたくて、ハンドルを右に切った。

――あれ？

橋の上に、彼らの姿はなかった。


路肩に車を停め、改めて様子を窺ったが、人っ子一人いない。

橋の上には、劣化した古いコンクリートからこぼれ出た、無数の石ころが転がっていた。

おそるおそる橋を渡った。その先には、林道が続き、草むらが広がっている。

――何かの跡地なのかなぁ。

周囲は鬱蒼と木々が乱立しているというのに、一部だけ広場のように背の低い草が茂っていた。

改めて辺りを見渡したが、やはり、先ほど見た大勢の姿は無い。

首を傾げながら車へ戻り、市街地方面へ向かった。

途中、通り道に記念館があることを思い出し、ふらりと立ち寄った。

記念館の中には、炭鉱で働いていた人の様子や、生活、かつての街の様子を模したジオラマが展示されていた。

坑道から出てきた、炭鉱マンを写した写真。その姿は、先ほど見た男たちそっくりであった。

――あの橋の先には、何があったのか？

ジオラマの道を辿ってゆくと、件の橋の向こうには『病院』と書かれていた。

――先ほどの行列は、何十年も前に更地になっている病院での診察を待つ列だったのか？

「ずーっと、診察待ってるんじゃないかって考えたらよ。オレが言った事って、えっらい無神経だよなぁ。悪い事したなぁ……」

城田さんは、しょんぼりと俯いた。

その後、何度も橋の前を通っているが、あの行列を見かけたのはそれきりだという。

ただ、仕事の関係者にこの話をすると、城田さんのように声を掛けたり、確認に行ってはいないものの、「行列を見たことがある」という方が複数いたそうだ。

遺構

札幌オリンピックの為に建てられた建物が現存していると知った成沢さんは、その週末、手稲山《ていねやま》に向かった。

その日、思ったよりも道路が混雑しており、到着した時には、既に西日が落ち、辺りは薄暗くなっていた。

慌ててカメラを取り出し、建物を撮りはじめた。

何ショット目だろうか、突然カメラの電源が落ちた。

——充電したばかりだよなぁ。

予備の電池に交換すると電源が入り、ほっと胸をなでおろした。
少しずつ立ち位置を変えながら、建物の端に差し掛かった時。

キャー
ハハハハ
キャー
ハハハハハハハハァー

建物の裏側から、複数の子供たちのはしゃぎ声が聞こえる。

――裏に、公園でもあるのかな？

時折響く、賑やかなその声をＢＧＭに撮影を続けた。
正面を撮り終え、建物の裏側に回って息を呑んだ。

――え？

建物の裏手には、背の高い草がボウボウに茂っている。
子供が遊べる広場など無い。

――でも、あんなにはっきり聞こえた。絶対に、誰かいたはず！

狼狽えている間に、夜の闇が迫っていた。
眼下に広がる、街の灯が眩しい。
とぼとぼと、車へ戻り、エンジンキーをまわした。

くふふふふっ

いたずらっ子のように笑う声が聞こえ、左耳に生あたたかい吐息を感じた。
アクセルを踏み込み、猛スピードでその場を後にしたそうだ。

符合

十五年ほど前の九月一日。ひとりで車中泊をしながら北海道の北側を巡っていた時のこと。

日本海側の、とある海岸沿いにある駐車場に車を止めた。

すっかり人気の無くなった砂浜で、波打ち際にしゃがみこんで、海水に触れてみる。

驚くほどの冷たさに、秋の気配を感じた。

やがて、地平線に太陽が沈み、辺りは夜の闇に包まれていった。夜の帳《とばり》がぐんぐんとおりてゆく。

静かに打ち寄せる波音に耳を傾けながら、後部座席に寝転がり、読みかけの本を開いた。

夢中になってページをめくるうち、あっという間に読み終えてしまった。ずっと同じ体勢でいたため、体が痛い。

車から降り、大きく身体を伸ばす。

みしみしと音をたて、関節がのびた。

頂きに達した月のやわらかな光が砂浜に注ぐ。

――キレイだなぁ。

月光に誘われ、砂浜を歩き始めた。

ふと、十メートルほど先に、人影が現れた。

人影は、右へ左へ……。

ふらふら歩きながら、時折、その場に屈んだり、立ち上がって辺りを見回している。遠目に、犬の散歩をしているように見えた。

「けいちゃーん……けいちゃーん……」

誰かを呼ぶ女性の声が夜の海辺にこだました。

歩をすすめ、人影との距離がちぢまる。間近に迫った、その時。薄雲が晴れ、辺りがパァッと照らされた。

数歩先に、十代後半から二十代くらいと思しき女の姿があった。
ふと、女の佇まいに違和感を覚え、足を止めた。
俯いた白い頬に、長い黒髪が貼り付いている。
長袖の白いシャツとズボンも濡れているようで、べったりと、肌に吸い付いていた。
女は、砂浜に視線を落としたまま、呆然とした表情で立ちつくしている。

——何かあったのかな？

「大丈夫ですか？」

少し屈んで、女の表情をうかがう。

「けいちゃーん……、どこにおるの？　おかあちゃんも……。ときこはここに……」

透き通った、か細い声が女の口から漏れた。

女は、突然、思い立ったようにふっと面をあげ、暗い海を見つめた。

「ときこは……、ここにおるよ……」

そう呟くと、再び、よろよろと砂浜を歩き出した。

——何か事件にでも巻き込まれたのか？

念のため警察を呼ぼうと、携帯を取り出したが、圏外と表示されている。携帯の画面から顔をあげると、女は、忽然と消えていた。

——まさか海に入ったのでは？

携帯で足元を照らしたが、砂浜には私の足跡しか残っていなかった。

翌朝、次の目的地へ車を走らせていると、海沿いに建てられた石碑が目に留まった。駐車場に車を止め、碑の前へと向かう。

『三船遭難慰霊之碑』と、刻まれたその碑は、三船殉難事件の犠牲者を弔うために建立されたという。

三船殉難事件とは、終戦から一週間後の昭和二十年八月二十二日、樺太からの引揚船三隻が、留萌沖で国籍不明の潜水艦から攻撃を受け、推定一七〇四名もの方が命を落とした悲しい事件だ。乗船者は、老人、子供、女性が殆どであったという。

この体験を書くにあたり、事件の詳細が記された古書を購入した。

読み進めていくと､海に投げ出され､海面を漂流していた「時子さん」という女性が「恵子さん」という名の妹を背負ったまま、海の底へ消えたとの証言が記されていた。

あの夜耳にした名との符合に驚きつつ、何度もその記述に目を通すうちに、涙が溢れた。

波間に漂い助けをまつ間、周囲の人から、背中の子をおろすよう説かれても、首を横に振り続けたという女性が、あの夜私が砂浜で出会った『ときこ』さんと同一人物であるかは定かではない。

だが、もし、そうであったとしたら……。

時子さんが、命を懸けて守ろうとした、妹の恵子さんと、お母様に再会できている事を願ってやまない。

ありがとう

　便利屋を営んでいる丸田さんのもとに、とある空き家の後継者から、庭と裏山を草刈りしてほしいとの依頼がきた。

　その家は、近所の人間であれば誰もが知っている、先妻と後妻が自死したいわく付きの家。敷地が広く、家屋も立派だが、なかなか買い手がつかない、という噂を耳にしたことがある。

　早速、見積りのため現地へ赴くと、放置期間が半年とは思えぬほど雑草が生えていた。

　家の裏手に回ると、荒れた庭には草木が生い茂っている。

　草をかき分け、山の入口と思しき場所へ辿り着くと、数メートル上に、こんもりと盛られた土が見えた。

なんとなく気になり、木の根を足場にして急峻な斜面を登る。

土は平坦な場所に盛られており、その上には草一本生えていない。つい最近盛られたのか？　どこからか木を叩く音がして、土の表面がぱらぱらと崩れた。

好奇心に駆られ、靴先で土を除けると、小さな木の板が現れた。

拾い上げると、漢字で何か記されている。

土を払いながら文字を追って、ハッとした。

——位牌だ……、何故、こんなところに？

気付けば、何かに導かれるように、その場に跪いて両手で土を除けた。

白い陶器と、白っぽい布……。

その下に、アルバムが埋まっていた。

表紙をめくると、赤ちゃんの写真が貼られており、『陽子　三ヶ月』と記されたピンクの紙が貼られていた。

——確か、依頼者の名前も「ヨウコ」だったよな。

スマホのアドレス帳に、『オオガキ　ヨウコ』と登録があった。

ものが物だ。すぐに、連絡したほうが良いと判断して、その場で電話をかけた。

状況を伝えると、少しの間をおいて、「近所の寺に預けて欲しい」とだけ言い、電話は切れた。

指定された寺は、この町内にある。

掘り出したものを抱えて、一歩踏み出した。足首に何かが絡まり、斜面を滑り落ちた。

ヒステリックな女の喚き声が聞こえる。

よろよろと上体を起こし、斜面を見上げると、吊り上がった目で此方を睨む老婆が立っていた。

その形相は、まるで『鬼』そのものだった。

這々の体で辿り着いた寺の住職に、事情を伝えると、ぽつぽつと、こんな話を聞かせてくれた。

依頼者のヨウコさんは、あの家の先妻の子で、後妻である継母から、ひどい仕打ちを受けた。

以前、寺の、納骨堂から、彼女の母親の遺骨が消え、遺骨は戻ったが、位牌と骨箱の行方がわからないままで、ずっと探していたという。

「ありがとう」

涙ぐむ住職に両手を握られたとき、耳元で女性の囁く声が聞こえた。

「ありがとう」と。

三角州

四十年ほど前のこと。

裕樹さんが小学校二年生のとき、近所に、子どもたちが集う『秘密基地』があったという。

その基地は、近所の雑木林の中にあり、廃材やダンボールで囲った上に、誰が持ってきたのか、ブルーシートをかけ、なかなか本格的な造りであったそうだ。

ある日、仲間のひとりが、一匹の捨て猫を抱いて、基地に現れた。

道端で拾ったが、家で飼うことが許されず、連れてきたという。

基地に来ていた仲間も、それぞれ親と交渉したが、許可してくれる家庭はなく、基地で飼うことになった。皆で相談し、『にゃんこちゃん』と名付けた白い子猫は愛嬌たっぷりで、基地へ行くのが一層楽しみになったそうだ。

夏休み初日、基地に入ると、既に集まった仲間が泣いていた。

状況が掴めず、入り口で立ち竦む裕樹さんに気付いた仲間のひとりがみかん箱を指す。

「にゃんこちゃんが……」

箱の中で、子猫が横たわっている。

小さな命の終わりに、皆が、泣いた。

さんざん泣いて泣きつかれた頃、六年生の本間くんが、自宅からお菓子箱を持ってきた。

きれいな花柄のお菓子箱だ。

その箱に子猫を移し、周辺で摘んだお花を添えた。

基地のある雑木林の奥には小さな山があり、斜面を少し登った辺りに、穴をほって子猫を埋葬した。廃材に、「にゃんこゃんのおはか」と記して土に挿し、手を合わせて、それぞれ帰宅した。

翌日、基地に行くと、まだ誰も来ていなかった。

いつも、特に時間を決めず集まってくるので、そのうち誰か来るだろうと、マンガ本を開いた。

ニーーー

ニーーーャ

外から、か細い鳴き声が聞こえる。

——野良猫かな？

さして気にも留めず、ページを捲っていると、数人の仲間が現れた。

だらだらと寝転び、取りとめもない会話に花が咲く。

その隙間を縫うように、また、猫の鳴き声が聞こえた。

その翌日も、そのまた翌日も、基地に居ると、猫の鳴き声が聞こえる。

「もしかして、にゃんこちゃんかな？」

仲間のひとりが、そう言い出した。

「にゃんこちゃんの霊が、寂しくて呼んでるのかも」

その場に居合わせた四人で、にゃんこちゃんを埋葬した場所へ向かった。

斜面をのぼり、埋めた場所へ行くと、掘り返された土が、辺りに散らばっている。

ぽっかりと開いた穴を覗き込むと、埋葬したお菓子箱と、墓標が無くなっていた。

辺りを探し回ったが、何も見つけることは出来なかった。


翌日、基地へ行くと、既に、仲間が揃っていた。

全員が犯人探しに燃えている。

ニーーーーー
ニィーーーー

再び、鳴き声がした。

外へ出ると、どうやら川の方から聞こえているようだ。

皆で、声を辿って、雑木林を歩く。

河川敷に出たところで、ぴたっと鳴き声が止んだ。

——あっ！


三角州に、木の棒が立っている。

少し、距離があるため、棒に書かれた文字ははっきりと読み取れない。

だが、書かれている文字数から、子猫の墓標であるように思えた。

その棒の前には、土が盛られ、幾つかの小石が積まれている。

「どうやって、あそこに埋めたんだろう……」

仲間のひとりが呟いた。

三角州まで行くには、流れが早く、足のつかない深さの、川を渡らねばならない。

普通に渡ろうとしても難しい川を、墓標と、箱を持って、渡ることなど出来るのであろうか？

様々な、憶測が飛び交ったが、結局、自分たちには不可能であるとの結論に至った。

ただ、三角州の墓標を発見してからというもの。
猫の鳴き声は、聞こえなくなったそうだ。

ねこじい

　百歳まで生きる事を目標にしていた相馬さんのお祖父様、マサじいは、九十歳の誕生日、親族が集まった祝いの席で心臓発作を起こして亡くなった。

　訃報を聞きつけた人々、業者が、入れ替わり立ち替わり訪れ、悲しむ間も無く、菩提寺の住職が現れた。

　来訪者の応対に追われている間に、マサじいの傍は埋まってしまい、最後方の椅子に腰かけた。

　着席を、見計らったかのように、枕経が始まった。

　血の気が失せ、白っぽくなった顔を見つめながら瞑目し、そっと合掌する。

　ひょうきんな祖父との思い出が瞼の裏を巡り、自然と口元が緩む。

――私ったら、こんな時に。

周囲を気にして、きゅっと口を結び、マサじいの顔を見た。

さっきよりも、唇が僅かに開いている。

――ん？

薄紫色の唇から、仄白く光る球がポウッと飛び出した。

咄嗟に、その球の行方を目で追った。

ピンポン球ほどの、その球は、左右にふらふらと揺動し、ゆっくりと部屋の隅へ向かってゆく。

部屋の隅には、三歳になる祖父の愛猫ミケが、ちょこんと座っていた。

球は、ぐるぐると、ミケの頭上を旋回し、大きく欠伸をしたミケの口へ飛び込んだ。

小さな鳴き声をあげたミケは、そのまま体を丸め、眠ってしまった。

――隣に座る従妹に言おうか。

迷ったが、なんとなく口にするのが憚られ、誰にも話す事なく祖父を見送った。

マサじいの遺骨とともに自宅へ戻り、毎晩、好んで飲んでいたビールを仏前に供えた。

待ちかまえていたかのように、ミケが供物台に飛び乗った。ピチャピチャと音を立ててビールを舐める。

ミケは、マサじいの晩酌中、傍に来ることはあっても、ビールに興味を示した事は無い。

「コラッ」

慌てて供物台から抱きおろす。ミケは不満気に喉を鳴らして祖父の定位置であった座椅子の上にクルンと丸まった。

それからというもの、ミケはまるで生前のマサじいのように振舞うようになった。

マサじいの友人や親戚が訪ねて来ると、真っ先に玄関で出迎え、祖父の座椅子に座っては、時折頷く。まるで、会話に参加しているような素ぶりを見せる。

以前は、食べ物をくすねる事のない猫だったが、マサじいの好物が食卓にあがった時、決まって盗み食いをし、更には、マサじいが好んで見ていたテレビ番組が入ると、体を起こしてじっと画面を見つめるようになった。

「ミケちゃんに会ってみたいです」

そう伝えると、相馬さんは頭を振った。

「先月、死んじゃったんです。祖父の命日に、祖父の座椅子で眠るように。後で気付いたんですけど、祖父が目指していた百歳の誕生日でした。祖父は、ミケに入って目標を達成したのかなって」

相馬さんの頬を雫が伝った。

おばちゃん

いつからか、おばちゃんは、家の仏間の隅にじっと座っていた。

いつも臙脂色の着物を着ていて、少し開いた唇からはどす黒い前歯が覗いている。

目が合うと、よれた袖口から僅かに指先を出し、ゆったりと手招きをする。

小学生になって間もない頃、迫田さんは祖母に叱られ、仏間へ閉じ込められた。

その日、おばちゃんは初めて定位置を離れ、傍に寄ってきた。

隣に座り、彼女の頭をゆっくりと撫でながら、「ええ子やぁ」と、擦れた声で繰り返し呟く。

おばちゃんの手は、ひんやり冷たかったが、妙に心地好く、じっと撫でられていた。

どの位時間が経ったのか。
破れた障子の穴から、西日が射し込んでいる。
居間の方から迫田さんを呼ぶ声がした。
祖母の声だ。
返事をして立ち上がると、おばちゃんが強く手首を掴んだ。

「あかん！」

そう叫んで、勢いよく迫田さんを突き飛ばす。
尻餅をついた迫田さんに、寂し気な視線を注ぎ、ゆっくりと前にくずおれた。

「おばちゃん？」
おそるおそる呼びかけてみるも、返事はない。一瞬の静寂を破り、おばちゃんがばりばりと畳を掻き毟り始めた。

うしろで束ねられていた長い髪が解け、ばらばらと乱れてゆく。

何度も、何度も。

激しく爪を立てられた畳は、じわじわと着物と同じ色に染まりささくれていった。

豹変したおばちゃんの姿に、全身がわななく。


——山姥だ。絵本で見た、山姥だ。


ぷっつりと意識が途切れ、気がつくと布団に寝かされていた。

そろそろと襖を開け、隣の仏間を覗く。い草の香りが漂う、張り替えられたばかりの畳の上に、おばちゃんの姿はなく、その形跡もなかった。

——記憶に残る光景は鮮明だが、もしかしたら夢だったのかも。

そう思い込み十数年の時が流れた。

迫田さんが高校に入学した頃、自室で転倒した際の骨折が原因で、祖母が寝たきりになった。

その頃から、再び、かの仏間の定位置にじっと座るおばちゃんの姿を見るようになった。

――夢、じゃなかったんだ。

「やえさん、やえさん……」

祖母は、そう呟きながら、空を掴むような動作を繰り返すようになった。

誰が声をかけても、「やえさん」と繰り返すばかり。

その名には、誰も心当たりがなかった。

「やえさん」とは、誰なのであろうか。

恍惚の人となった祖母に問いかけたが、祖母が反応を示すことは無かった。

祖母が入院して、半年が経った頃。

祖母の心臓が、ゆっくりと拍動を止めた。


両親は、まだあたたかい祖母に付き添い、迫田さんだけが先に帰された。

祖母を寝かせる布団を敷こうと、灯りのついていない仏間の襖を開けた。

仏壇の前に、おばちゃんと祖母が座している。

おばちゃんは、仏壇の中をまっすぐに見据え、その真後《うしろ》に従い座る祖母は俯いていて表情を窺い知る事はできない。

おばちゃんがゆっくりと、視線を迫田さんに向けた。

満面の笑みをたたえたその表情に、寒気を覚えた。二人の輪郭はだんだんと朧になりやがて消えてしまった。


葬儀の後、誰も知らなかった事実とともに、「やえさん」の正体が判明した。

遠方に住む、祖母の従妹の話によると、「やえさん」とは、祖父の先妻で、祖母はもともと祖父の妾だった。

祖父と、やえさんの間には、子供が一人居たが早逝した。

心労が祟って、病を得たやえさんは子の後を追うように亡くなったという。

祖父はそれを機に、営んでいた大阪の商店を畳んで、妾だった祖母を連れ、北海道へ移住したのだそうだ。


おばちゃんは、「やえさん」だったのか。

おばちゃんが最後に見せた、あの笑み。

それとは対照的に、俯いたままの祖母の姿が、未だ、頭から離れないという。

残香

大晦日に里帰りした時のこと。
寒さで冷えきった、かつての自室で休むことを諦め、居間に布団を敷いて床についた。
移動中の混雑で疲れきっていた私は、目を瞑った途端に深い眠りに落ちた。

トンタントントン……
トントンタントン……

小気味良い物音で目が覚めた。
と同時に、ふわぁっと昆布出汁の良い香りが、鼻腔をくすぐった。
夜明け前だろうか、ぼんやりと薄明るい室内に一定のリズムが響いている。目を擦りながら上体を起こし、思わず息を呑んだ。
見覚えのある、小柄な後ろ姿が調理台に向かっている。

「ばあちゃん?」

震え、うわずった声が室内に響いた。

「雑煮、まだだから……。寝てなさい」

懐かしく、優しい声。
祖母は、振り返ることなく、何かを刻み続けている。
時折、手を止めたかと思うと、左手にお玉を持ち、コンロの鍋をかき混ぜていた。
同じ材料を用いても、決して、思い出の味と同じ味になることはない、不思議なお雑煮。

――最後に食べたのは何年前だろう。

溢れ出る、懐かしい思い。幾つもの言葉が胸の奥をぐるぐる巡る。

「ばあちゃんっ！」

思わず声があふれた。
祖母の両肩が、ぴくんと動いた。
持っていた包丁を離し、両腕をおろす。

――こっちに来てくれるのかな？

あわい期待を抱いた。
だが祖母は此方を向くことなく、隣の洗面所へ、吸い込まれるように姿を消した。
布団をはねのけて後を追ったが、洗面所に祖母の姿は無い。

懐かしさのあまり、声を掛けてしまった自分が呪わしく思えた。
背中だけでも良かった。
いつまでも、いつまでも見ていたかった。
祖母は、十年前に黄泉へと旅立った、会うことの叶わぬ人だから。

目を拭いながら台所へ戻ると、コンロの上に、空の鍋がぽつんと置かれていた。
香りを探し、すっと息を吸う。
微かなお出汁の香りとともに、柔らかな湯気が肺に満ちた。

コロッケ

料理好きで、一日の半分ほどを台所に立って過ごしていた祖母は、何故かコロッケだけ惣菜店で購入していた。揚げ物が苦手ということは無く、『コロッケ』だけ、絶対に作らない。

コロッケが食卓にあがったとき、何度か訊ねたが、なかなか理由を教えてはくれず、漸く、知ることができたのは、祖母が、難病を患い寝たきりになってからだった。

入院先の、病院での夕食のとき。

主菜のコロッケを見た祖母が、ぽつりと呟いた。

「コロッケ……」

「ばあちゃんさ、コロッケあんまし好きでないの？」

「いや、そんなことない」

「嫌いでないんだったら、なして全然作らんの？」

――どうせまた、はぐらかされる。

そう思いつつも、理由を知りたくて、投げかけた。

「話したこと無かったかい？」

私が頷くのを見届けて、ぽつぽつと語り始めた。

「じいさんと結婚して、何年目だったか。

その頃は、子供らに食べさせるのに、よく作ってたんだ。

一回に三十個は作ってたけど、皆、揚げてるそばから、あっという間に食べちゃう」

懐かしそうに微笑んだ。


その日も、子供たちが学校から帰ってくる頃合いを見計らって、コロッケの種を作っていた。

卵液をつけて、パン粉をまぶす。ほどよく熱した油の中へ、そっと入れると、じゅわっとよい音が立った。

こんがり揚がったコロッケを、網に乗せた瞬間、電話が鳴った。

鍋を火からおろし、急いで電話にでた。

「もしもし」

相手は親戚で、叔母の死去を報せる内容であった。

数週間後、大量に貰ったジャガイモで、またコロッケを作っていた。

きつね色に揚がったコロッケを網へ乗せたと同時に、電話が鳴った。

鍋をおろし、受話器をとる。

「もしもし」

「もしもし、姉さん？　さっき、叔父さんが亡くなったって」

妹から、叔父が急死したとの報せであった。


——また？

当時住んでいたH町から、実家のある町まではなかなかに遠かった。

かといって行かないわけにもいかず、子供を連れ列車を乗りついで、葬儀に参列した。

葬儀を終え、帰宅すると、箱の中のジャガイモに、芽が出ていた。

じゃがいもを一度に沢山消費できるレシピといえば、『コロッケ』。

先日の事が頭を過ったが、偶々だろう、と。自分に言い聞かせ、調理を始めた。

大量のコロッケを全て揚げ終え、やれやれと片付けを始めたところで電話が鳴った。


「もしもし、姉さん？　おばあちゃんが……」


「こんな事があったから、気味が悪くってね」

「レシピ封印したの？」

「封印！」

苦々しい表情を浮かべて語っていた祖母が、大きな笑い声をあげた。

呼吸器の病であった為、息苦しさから、なかなか大きな声を発することは少なくなっていた。祖母は笑顔でこの話をしめくくったが、この話を聞いてからというもの、なんとなくコロッケを作るのが怖くなり、一度も作っていない。

過去帳

神経痛の悪化で、住職を退いた父親の跡を継いだ森岡さんは、檀家の『過去帳』を開いた。

硯の中の墨に筆を馴染ませ、紙面に視線を移す。

真っ新なページを開いた筈が、既に文字が記されていた。

――あれ？

俗名の欄に、流れるような筆跡で、親父の名が書き込まれている。

過去帳は、重要書類とともに鍵のついた棚で保管している。その棚は都度施錠している為、誰かの悪戯という事は考えにくい。そもそも、寺族の過去帳と、檀家の過去帳は別だ。

理解し難いその状況に戸惑いを覚えつつ、死亡年月日の欄を目にして、言葉を失った。

そこには、明日の日付が記されていた。

——これは、一体……。

何度も繰り返し確認した。何度見ても、親父の名前だ。

——んっ？

文字の濃さが、少し薄くなった。

——気のせいか？　否、明らかに薄くなった気が……。

みるみるうちに、字はどんどん紙に吸い込まれるように薄くなり、あっという間に真っ新なページに戻った。

こういった現象を目の当たりにするのは、初めての事だった。

現に親父は、隠居したとはいえ、体調の良い日は檀家回りをしている。

——疲れのせいで、幻覚を見たのだ。親父が死ぬわけがない。

そう、自分に言い聞かせた。

翌朝、本堂での勤めを終えて居間に戻ると、妻は台所に、子供たちは食卓で朝食を摂っていた。

だが、いつもこの時間、居間のソファーに腰かけて新聞を読んでいる、親父の姿が無い。

「親父は？」

「えー？　あれ？　まだお部屋かしら」

子供の弁当箱におかずを詰めながら、妻が答えた。

——まさか。

嫌な予感が頭を過る。居間を出て、真っ直ぐ続く廊下の突き当たり、親父の部屋の前に立って何度か声を掛けた。

だが、返事はない。

「親父？」

手に汗を滲ませ、恐る恐るドアを開けた。

カーテンは閉じられたまま。

薄暗い部屋の真ん中で膨らむ掛け布団から、親父の後頭部が覗いていた。

入口に背を向け、寝ているようだ。

「親父」

掛布団を捲ったが、反応がない。
まるで、眠っているかのような、穏やかな死に顔だったそうだ。

かいがら

長嶺さんは小学二年生のとき、両親の離婚により母の実家がある某県へ引っ越した。

しとしとと雨が降り、少し蒸し暑い日の放課後。

ひとり教室で読書を楽しんでいると、ふいに肩を叩かれた。

背後に、女の子が立っていた。

「あそぼう」

その子は、大きな目が印象的なはにかんだ笑みを浮かべ、右手を差し出した。サトと名乗ったその子は、長嶺さんと同じくらいの背丈で、白っぽいシャツにふっくらした形のズボンを穿いている。

何故か裸足。足元は泥あそびをした後のように汚れていた。

「どうしたの？」

足元を指して訊ねたが、「なんでもない」と首を真横に振る。

サトちゃんの、首の動きに合わせて、チャリチャリと可愛らしい音がした。

「この音なぁに？」

「髪留めだよ。拾った貝でつくったの」

サトちゃんがくるりと後ろを向くと、幾つかの小さな貝殻がきらきらと光っていた。

「わー、綺麗だね」

そっと貝殻に触れようと手を伸ばした時、教室の戸が開いた。

入口に、サトちゃんと似た服装のおばさんが立っている。

「帰るよ」

おばさんが手招きすると、サトちゃんは寂しそうな表情を浮かべ、頭を振った。

髪留めの貝殻が、チャリチャリと音をたてる。

「帰るよ」

少し強い口調で、おばさんが再び手招きした。

サトちゃんは、悲しげな表情を浮かべ、諦めたようにゆっくりと頷いた。

「また、あそぼう」

手を握ると、サトちゃんに笑顔が戻った。

「またね」

そう言いながら素早く髪留めを外し、長嶺さんに差し出した。
サトちゃんの指先で、きらきら光る貝殻が宙に揺れている。

「いいの?」

長嶺さんが、手のひらを差し出した瞬間。
視界からサトちゃんの手が消え、手のひらに髪留めがぽとりと落ちた。
すぐに顔を上げたが、そこにサトちゃんの姿はなかった。

担任の先生やクラスメイトに、サトちゃんのことを尋ねたが、皆、心当たりが無いという。

他の学年にも、『サト』という名前の子は居なかった。

数年後の社会の授業中、スクリーンに映し出された一枚の写真に、長嶺さんは驚いた。

――サトちゃんと同じ服装だ。

変わった形のズボンは、『モンペ』というもので、戦時中に多くの女性が履いていたものだと知った。

何十年経ったいまも、長嶺さんはサトちゃんから貰った髪留めを大切に持っているという。いつかの再会の日を、心待ちにしているそうだ。

禁帯出

　図書館に勤めている池田さんは、館外への持ち出しが禁じられている資料が収められた、書庫の整理を任された。

　蔵書リストと、背表紙に貼られた管理番号を照合し始めてすぐに、一冊の本が抜けている事に気が付き、目印として厚紙を差し込んだ。

　一段目の確認を終え、次の段へ視線を移した。

　先刻差した厚紙が、するっと棚から抜けて床に落ちた。

　拾い上げ、戻そうとしたが、先ほどは見当たらなかった本が、いつの間にか収められていた。

――あれぇ？　誰も入ってきていないのに……。

首を傾げつつ、なんとなくその本を手に取った。

古びた背表紙を捲ると、昭和三十年四月発行とあり、著者名の横に住所が記されている。

逆へ返し、表紙を捲った。

一頁目の中央に、『戦友と、妻へ』と麗筆で記されていた。

――戦争体験を綴ったものなのかしら……？

続きが気になり、静かに頁を捲った。

左側の頁には、似顔絵だろうか？　端正な顔立ちの男性が描かれ、その下に氏名が記されていた。右の頁へ目を移すと、似顔絵の人物と戦場で語った内容、最期の様子がぎっしりと記されていた。

文中の凄惨な描写に耐えられなくなり、ぱらぱらと頁を飛ばす。
勢いよく頁が捲れ、最後の頁が露わになった。
似顔絵はなく、真っ白なページの真ん中に女性の名だけが記されている。

隣の頁には、震えた筆跡が走っていた。

『毎日ともに暮らしていたというのに、顔が描けない。空襲で死んだようだが、人知れず土に還ったのか――』

ぼとっ……。

白紙部分に赤い液体が落ち、紙を染めた。
咄嗟に鼻下を拭ったが、鼻血ではないようだ。

ふっと、頭上を見上げた。

――え……。

書架の天板から、頭が飛び出していた。
覗きこむように、真上から此方を見下ろしている。
下に垂れた長い髪は、まるで鋭く尖った黒い氷柱《つらら》のようだ。
微かに漏れる嗚咽とともに、その先端から赤い雫が滴り落ちてくる。

ぼとっ……、うっうぅ……。

ぼとっ……、うぅ……。

紙面が、あっという間に赤く染まった。
この近辺は、戦火により甚大な被害を受けたことを、古老より聞かされ知っていた。

なんとも寂し気な嗚咽に、不思議と、怖さは感じなかった。
もしかして、著者の妻では？
そう感じた。

――会えますように。

そう、祈りを込めて、赤く染まった頁を捲った。巻末に書かれた住所と、著者の名前を読み上げ、再び顔を上げると女はいなくなっていた。

頁を戻すと、赤く染まった頁は、もとの真っ白な状態であったそうだ。

北霊碑

札幌市在住の正博さんが、沖縄の戦跡に興味を抱いたのは、ある一冊の書籍を手にしたことがきっかけだった。

沖縄戦について、学生の時分授業で学んだ程度の知識しか持ち合わせていなかった正博さんは、知れば知るほど強い衝撃を受けたという。

その数カ月後、秋の連休を利用して、当時交際していた女性とふたり、沖縄を訪れた。

沖縄本島南部にある『ひめゆりの塔』を見学した後、地元の方から勧められた平和公園へ徒歩で向かった。

道路沿い一面が畑で、空が広く感じた。

北海道でも中心部を離れると、このような景色を望むことはできるが、植生が違う。

ここは南国、沖縄だ。

教わった通り、大きな石のモニュメントがある分岐で、横断歩道を渡った。

「ちょっと、まって」

不意に彼女が立ち止まり、道の端に屈み込んだ。

スニーカーの紐が解けたようだ。


キィッ……キッ……キッ……キッ……


どこからともなく甲高い音が聞こえる。

モニュメントの裏の小さな広場から、シルバーカートを押した老婆が現れた。

直角に近い位、腰が曲がっている。カートを押す、というよりは、カートに身を預けているというほうが合っているかもしれない。


キッ……キッ……キィッ……キッ……

油の切れた車輪が、目前で止まった。

前に垂れた白く長い髪の中から、にゅっと顔を覗かせた老婆の、小麦色の肌に、深いシワが刻まれている。

湾曲した腰をぐぅっと伸ばし、ゆっくりと目の奥を射るような眼差しを向けた。

「あんたは、こっちさぁー」

すうっと、左の道を指す。

「あ、僕ら、公園行こうと思って……」

「こっちさぁー」

強引に遮り、カートを左に向けた。

「ちょっと、ついて行ってみよう」

まだ屈み込んでいる彼女に投げ掛けたが、反応がない。

——勝手に行き先を変えようとしてるから、怒ってんのかな？

好奇心をくすぐられると、つい予定を変更してしまう癖がある。

その度、彼女にきつく注意されていた。

「こっちさぁー」

早くついてこいと言わんばかりに、老婆が手招きした。

引き寄せられるように後ろに従う。

少しの間をおいて、不服そうに靴底を擦る音が追ってきた。

渋々、ついてきたようだ。

——今、変に言い訳するより、後で謝ろう。

どう機嫌をとろうか考えつつ、先導する老婆に、この地域の事について質問を投げかけた。

だが、耳が遠いのか反応はない。カートに身を預けた老婆は、此方を気にする素振りもなく、スタスタと先へ進む。

やがて道端の木々が途切れ、大きな公園に出た。

入り口の一角に、千羽鶴が提げられており、各地の県名が刻まれた石碑が建っている。

老婆は、こちらに構うことなく、北海道と刻まれた石碑の横を抜け、奥へ進んだ。

突き当たりに、北海道を象った大きな石碑があり、その上に積み上げられた丸い石に、『北霊碑』と刻まれている。

「あんたは、ここさぁー」

老婆は、碑の前で、ピンと腰を伸ばすと、ていねいに一礼した。

「ここは？」

大きめの声で訊ねた。

だがやはり、耳が遠いのか。老婆は答える事なく、もとの道へ引き返していった。


——北霊碑？


碑文によると、先の大戦に北海道から出征し、沖縄戦で戦死した一万八五〇名の方と、南方諸島で戦死した三万名の方のために建立された、慰霊碑とのことだ。

すぐ後ろで、彼女が碑文をブツブツ読み上げている。

「あの婆ちゃん、なんでここに連れてきたんだろ」

くるりと彼女の方を向いた。

だが、後ろに居るはずの、彼女の姿がない。

彼女はおろか、見渡すかぎり人っ子ひとりいなかった。

ポケットからスマホを取り出し、彼女を探しながら電話をかけたが、呼び出し音だけが鳴り続ける。

辺りを見回しながら、やがて道路に出ると、先刻、老婆に出会った分岐に彼女が佇んでいた。

「おーい」

声に気付いた彼女が、大きく手を振り返した。

「もー、どこ行ってたの？」

頬を膨らませ、少し怒っているようだ。

「おまえこそ、急にいなくなるから、探したんだけど。電話くらい出ろよ」

「え？」

彼女の、表情が曇った。

「急にいなくなったのは、正博でしょ？　それに、私も電話したけど。全然出ないし」

「え？」

互いのスマホには、発信した履歴のみがあり、着信は無い。

「この辺、電波弱いのかな？」

画面を見比べて、首を傾げた。

「で、どこ行ってたの?」

ため息混じりに、うんざりとした眼差しを向ける。

「え? そこから出てきた婆ちゃんに誘われて、慰霊碑の前まで行ったじゃん?」

モニュメントの裏を指した。

「え? 婆ちゃん?」

彼女は、きょとんとした表情を浮かべて、こう続けた。

「靴紐、結んで立ち上がったら、正博がいなくなってて。電話かけても出ないから、周りをキョロキョロしてたら、向こうに正博が立ってたんだよ」


話が噛み合わない。


——怒って、嘘ついてんのかな? とりあえず謝ろう。

「勝手についてって、ごめん」

「うん。これからは、ちゃんと言ってから行動して」

「結構待ったよね？　ごめん」

「今日は許す。五分位だし」

「え？」

自分の体感では、三十分位だった。

分岐のモニュメントから、慰霊碑まで、さほど遠くはない。

だが、碑文を読んだり、彼女を探し回ったため、たっぷり三十分程はかかっている。

狐に化かされたような心持ちであった。

「あんたは、あっちさぁー」

その一言に、謎を解くヒントが隠されている気がして、身内に戦死者がいないか調べたが、一人もいなかった。

「あんたは、ここさぁー」

慰霊碑の前で、そう示された理由が、未だにわからないという。

うかーさん

介護士の沢口さんが、一週間ほど沖縄の離島に滞在していた時のこと。
職場の殺伐とした人間関係に疲れ、初めて、まとまった休暇をとって訪れた島の人々はあたたかく迎えてくれた。
滞在三日目の夕方、背丈よりも高いサトウキビ畑の傍を散歩していると、畑の中から見知らぬおばぁが飛び出して来た。

「うかーさん！」

必死の形相で沢口さんの腕を掴み、物凄い力で畑の中へ引き込もうとする。

「えっ？　何ですか？」

おばぁへ問いかけたが、耳が遠いのか、グイグイと沢口さんの腕を引っ張り離さない。

――認知症なのかな？

仕事で接している認知症の御老人にも、同じような振る舞いをする方がいる。

――相手の世界に合わせて、とりあえず落ち着いて貰おう。

「どうしたんですか？」

優しい口調で、おばぁに語りかけた。

おばぁは俯いて、「うかーさん」という言葉を繰り返し呟いている。

――うかーさん？　お母さんって意味かな？

沢口さんは、おばぁに右手を引かれるまま、サトウキビ畑の中へ足を踏み入れた。

十歩ほど進むと、どこが出口かわからなくなりそうな感覚に襲われた。

ふいに恐ろしくなり、左手でおばぁの腕を握ると、妙に生温かい感触が指先に伝わった。

驚いて手を離すと、掌に暗褐色の血液が付いている。

「おばぁ！」

沢口さんは、尚も奥へ進もうとするおばぁの体を抱き寄せた。

腕の中のおばぁが、妙に硬い。

ゆっくり体を離す。そこに、おばぁの姿はない。三段に積まれた古い石があった。

民宿へ戻ると、宿のおばぁが縁側に座っていた。
隣に座り、事の顛末を話すと、柔和な表情でこう教えてくれたという。

「うかーさん」とは、沖縄の方言で「危ない」という意味。
戦時中、近所の家に爆弾が落ちて、その一家全員が亡くなった。
サトウキビ畑の中にある石は、その一家を弔う為、戦後になって家の跡地に置かれたものだという。

「あのおばぁは、自分が死んでいる事に気付かぬまま、今も家族を助けようとしているんじゃないかって。戦争が終わって、七十年以上も経っているのに……」

語り終えた沢口さんは、そっと目元を拭った。

仕付け

戦後間もない、春先のこと。

片岡さんは、自宅で洋服や学生服の仕立てを請け負っていた。

物が不足していた時代だが、依頼者から持ち込まれた古着や古布を工夫して、それなりに見栄えの良い物を仕立てていたという。


ある日、夕食の支度をしていると、見知らぬ中年女性が訪ねてきた。

「裾上げをお願いしたいのですが……」

か細い声で述べながら、携えていた風呂敷を解き、男子学生用のズボンを差し出した。

女の手背は、白くふっくらしているが、全ての指が一枚皮を剥いだように赤く、所々血が滲んでいる。

生々しい傷痕に目を見張ったが、空襲のあと、街中で目にした光景を思えば、たいしたことはない。

受け取ったズボンは、上等なウール製だった。久々に触れる、上質な布地に心が踊る。

「どのくらいつめましょう？　今日、息子さんは？」

「来られないので、仕付けてきました。怪我で指が動かないので、お恥ずかしいのですが」

女は、手を後ろにそっと隠した。

裾を検めると、しつけ糸でガタガタと大きな縫い目が施されている。

「お急ぎ？　今、仕上げましょうか？」

問いかけると、女はこくんと頷いた。

作業部屋の隣の座敷に通し、作業に取り掛かる。

縫い目が大きくずれていて、仮縫いのまま縫うと仕上がりが良くない。マチ針で何ヵ所か留め、糸と布の間に鋏を差し込んだ。

「やめて」

背後から声がした。

振り返ると、坊主頭の少年が立っている。
小学校を出た位だろうか。
強い眼差しを向けて、佇んでいる。
――いつ、中に入ってきたのかしら。
訊ねる間もなく、少年は背を向けて、座敷へ入っていった。
――息子さんかしら？　股下、計らせて貰おう。
ズボンを手に後を追ったが、中には、少年はおろか女性の姿もない。
――変ねぇ、こんな狭い家で、すれ違うこともなくいなくなるなんて。
首を傾げつつ、そのままズボンを畳み、女が再び訪ねてくるのを待つことにした。
それから七十年以上の歳月が過ぎたが、未だ、女は現れないという。
学生ズボンは、いまも大切に保管してあるそうだ。

隣の家

昨年のお盆のこと。帰省先から戻った泉さんは、玄関先に溜まっていた回覧板を携え、隣家へと向かった。

隣家は変わった家で、道路に面した東側に大きな玄関があるというのに、何故か家の裏にある勝手口を玄関として使用している。

常時開け放たれたままの門扉から隣家を覗くと、正面玄関のすりガラス越しに動く、白い人影が見えた。

勝手口まで回るのが面倒で、これ幸いと玄関へ駆け寄る。

「ごめんくださーい」

白い人影はゆらゆらと左右に体を揺らし、奥に姿を消した。

訝しく思いつつも数分待ったが、誰も出てこない。

都合が悪いのだろう。そう解釈した泉さんは、回覧板をドアノブに掛け自宅へと戻った。

翌朝、ポストの中に、「玄関によるな」と強く殴り書きされた紙切れが入っていた。

この土地に越してきて五年。そこそこ良好な関係であった隣人を、怒らせてしまったのでは？　困惑した泉さんは、町内で長年商店を営んでいる、親戚に相談した。

最初は、言葉を濁していたが、泉さんの粘りに負け、しぶしぶ理由を話してくれた。

「四十年位前、うちがこの商店を始めたのと同じ頃にね。

あそこの家は、もともとあった古い家を壊して建て替えたんだ。

建て替えを終えて、家財を入れたその晩に、先代の旦那さんが玄関で首を吊ったんだよ。

寝間着姿でね。

その旦那さんの四十九日に、注文があった飲み物を届けに行ったら、嫁いできて間もなかった友子さんが、『お舅さんが夜な夜な玄関に立つんだ』って、法要に来た住職に相談してるのを聞いちゃってね。

その後、何があったかは知らないけど、それから間もなく、玄関の内側にある引き戸に板を貼り付けて、閉ざしてしまったんだよ」

——あの日見た人影は、もしかして……。

事情を知ってからというもの、泉さんは、隣家の前を通るのが怖くなり、遠回りをして通勤しているという。

オムカエ

東北の太平洋側のとある町で暮らしていた幸恵さんは、お母様とともに東日本大震災による津波にのまれたが、様々な偶然が重なり九死に一生を得た。

家と職を無くし、県外へ住まいを移したお二人は、徐々に日常を取り戻していったという。

震災から二年目の夜のこと。

仕事の疲れから、早めに就寝した幸恵さんはこんな夢を見た。

津波に流されてしまった、かつての自宅の居間で、母と並んでソファーに座りテレビを見ていると、玄関から鈴の音が聞こえた。

振り返るとソファーの後ろに震災で亡くなった叔母が立っている。

叔母は、母の肩にゆっくりと手を載せてこう呟いた。


「行こう」


そこで、目が覚めた。

時計の針は、五時を指している。

起きるには早いが、夢の続きを見てしまう気がして、再び眠ることはできなかった。


この日から、毎日同じ夢を見るようになった。

そして、いつも同じ時刻に目が覚める。

同じ夢を繰り返し見た経験はなかったが、日々活発に過ごしている母を見て、深く考えることはなかった。

夢を見始めて半年ほど経った日の夜。

その夜の夢は、いつもと違った。

叔母が母の肩に手を置き、「行こう」と呟く。
すると、母がゆっくりと頷いて立ち上がった。

「駄目！」

咄嗟に、母の右腕にしがみついた。
だが母は、その場に立ち竦んだまま、テレビの画面を眺めている。
叔母が母の肩から手を離し、左肩をぎゅっと掴んだ。

「幸恵ちゃんもおいでよぉ」

穏やかな笑みを浮かべているが、肩を掴む力は凄まじく、骨が砕けそうだ。
叔母の手を払い除けたいが、母の腕を離すわけにはいかない。

「帰って！　帰ってよ！　叔母さんは、もう死んでるんだから！」

痛みを堪え必死に叫んだ直後、叔母が手の力を緩めた。

そのまま肩から手を離すと、ゆっくりと母の背後に立ち、両手で母の頭をぎゅっと掴んだ。

「やめて！」

大声をあげて、目が覚めた。

胸騒ぎがして、隣室の母の部屋へ駆け込むと、頭を抱え、悶え苦しむ母の姿があった。

脳梗塞だった。

搬送先の病院の待合室で、医師の説明を待つ間、服の左肩に点々と滲む血に気付いた。

衿から中を覗くと、左肩が、どす黒く変色し、皮下出血を起こしている。

痛みは無いが、夢で叔母に掴まれた所と同じ。
皮下出血の境目には、まるで爪先で抉ったような傷が四つ並んでついていたそうだ。

地の記憶

旅行で、横浜を訪れていた宮野さん夫妻が、中心部を散策していたときのこと。

古く堅牢な造りの大きな建物を見つけた。

「この建物、何だろう」

足を止め、看板を探し辺りを見回す。ぷちんという音とともに、突然静寂に包まれた。

ついさっき迄、やかましいほどに聞こえていた雑踏が全く聞こえない。

防音室に放り込まれたような、奇妙な感覚を覚えた。

隣に立っている妻も、驚いた様子で辺りを見回している。

「おい、耳が……」

静寂を破って、重い破裂音が響いた。

物凄い熱気に襲われ、焦げ臭い臭いが鼻をつく。

ドンドンドンドン

何かを叩く音に混じって、大勢の喚き声が聞こえた。

明らかに異常な事態、だ。

なのに、道路を往来する人々に慌てる様子はない。

涙と鼻水で顔をぐちゃぐちゃにしているのは、目の前にいる妻と自分だけだ。

駆け足で、建物の横を通り過ぎ、大通りに出たところで、耳の奥でぷちんと弾ける音がした。高所から降り、耳が抜けた時と同じ感覚であった。

ホテルに戻り、真っ先に確認したが、近隣で火災や事故の発生は無かった。


——一体、何だったんだろう。

都会の真ん中で、妻とふたり、狐につままれたようだった。

地図を見ると、先ほどの建物は、『博物館』だということがわかった。

翌日、どうにも気になり、二人で博物館を訪ねた。

関東大震災のパネルを前に、身震いした。

「九月一日……。昨日だ……」

パネルには、被害の様子が克明に記されていた。


博物館は、もともと『横浜正金銀行』の建物で、関東大震災の揺れではびくともしなかったが、その後発生した周辺の火災により、地下を除いて建物の内部が焼き尽くされた。

早々と建物の中へ逃げ込んだ人は、地下へ逃げ込み全員奇跡的に助かったが、避難が遅れ建物に入れず、外で息絶えた方が多くいたそうだ。

熱い場所

根本さんの自宅近くには、不思議な場所があるという。

地元の人間か釣り人しか通らない、その旧道は、ある場所に差し掛かると身体が燃えるように熱くなるそうだ。

空き地に接した、ほんの十メートルほどの間ではあるが、通るときは居ても立ってもいられないほどで、通る時は大急ぎで通過している。

「至近距離で焚火にあぶられているような感覚なんです。本当に、異常なほど熱くて」

その空き地には、家屋の基礎部分と思しきコンクリートが、自然に浸食されながら残っている。

何か曰くがあるのではと、郷土史を調べたが、手掛かりとなるものは無かった。

「田舎ですからね、私は嫁いできた余所者ですし。ご近所の目があるから滅多な事は聞けないんですよ。一度、夫にも訊いたことがあるんですけどね、場所を言っただけで物凄い剣幕で怒鳴られてしまって」

今でも、通るたびに焼かれているような熱さを感じるそうだ。

ガーコ

今井さんが通っていた、田舎の小学校の校庭の片隅には、木造の小屋があり、三羽の鶏が飼育されていた。

幼いころから動物が大好きだった今井さんは、くちばしが濃い黄色の鶏を、『ガーコ』と名付け、特に可愛いがっていたという。

夏休みの朝、ラジオ体操の帰りに学校へ寄ると、小屋の前に白い羽根が散乱していた。

恐る恐る扉を開けると、小屋の隅にうずくまる、ガーコの姿があり、ホッと胸を撫で下ろした。だが、ほかのニワトリがいない。

慌てて外に飛び出すと、校庭脇で草刈りをする用務員の秋田さんの姿があった。

「おじちゃん！　大変！」

大声で呼ぶと、手を止め、駆け付けた秋田さんは、

「キツネか、イタチか……」


散らばった羽根を眺めながら、そう呟いた。

その言葉に一旦は頷いたが、狐か鼬《いたち》の仕業であれば血が落ちているはずだ。

以前、自宅で飼っていた鶏が狐にやられた時、真っ赤な血が羽根を染め、襲われた痕跡を残していた。

足元の羽根は真っ白で、地面にも血の跡はない。

周辺を捜したが、発見には至らなかった。


肩を落として帰宅すると、玄関から喪服姿の祖父が出てきた。

「どこ行くの？」

「秋田の家。死んだんだと」

「え？　いま？　どこの？」

「学校の、用務員しとる」

「さっきまで一緒にいたよ」

「馬鹿言うな。今朝、死んどるのに」


呆れたように言い放つと、祖父は車に乗り込んだ。


気になって、その足で再び学校へ行くと、小屋の外で地面をついばむ、ガーコがいた。

——小屋の鍵をしめ忘れたのか？

ガーコをつかまえようと、そっと近づいたが、気配に気付いたのか、校庭脇の畦道へ駆け出した。

後を追うが、なかなか距離が縮まらない。

どんどんと畦道の先にある家に迫った。ガーコはその家の隣に建つ納屋の中へと姿を消した。

ガーコを追って駆け込むと、血なまぐさい妙な臭いが鼻をついた。

納屋の奥の天井から紐が垂れ、その先に三つの白い塊がぶら下がっている。

中を見回したが、ガーコの姿は無い。

白い塊に近付き、言葉を失った。

逆さまに吊るされた首のない鶏が、床を赤く染めていた。

転げるように納屋から飛び出すと、クラクションを鳴らしてゆっくりと出て行く黒い車を、大勢の大人が見送っていた。

その時、そこが秋田さんの自宅だということを、知った。

夏休みが終わり登校すると、小屋は撤去され更地になっていた。
昇降口の端に、死んだはずの秋田さんが佇んでいる。

「おじちゃん？」

少し距離をとって、恐る恐る声をかけた。
虚ろな表情の口から、声が漏れた。

「コッコッコッコッ……」

その声は、機嫌の良い時のガーコの鳴き声そのものだった。

夢は、叶った

教師になって十年目の春、伊藤さんは母校である小学校に赴任した。

かつて通っていた頃より児童数が減少し、二階建ての校舎には空き教室が数室あったという。

始業式の放課後、児童の母親から電話が入った。

「うちの子、学校から帰るなり、図書室に青い服の人がいたって言うんです。業者さんかと思ったのですが、念のため……」

関係者以外の立ち入りを禁じているとはいえ、校内に侵入することは容易い。

その日、業者は来訪しておらず、用務員も休みであった。

同僚と共に、非常用の刺股《さすまた》を手に校内の巡回を始めた。

図書室は、校舎二階の一番奥。

階段が二箇所ある為、途中から二手に別れた。

図書室の前に辿り着いたが、まだ同僚の姿は無い。

――先に入ったのか？

薄暗い、室内を覗き込む。

壁に沿って書架が並んでおり、中央に読書用の長机が置かれている。机の下以外に死角はなく、見る限り誰もいない。

電気をつけて中に入り、机の下を覗き込んだが、潜む者はおらず、そのまま部屋の奥へ進み辺りを見回した。

――誰もいない。

ホッと胸を撫で下ろし振り返ると、入口に、青い作業服姿の男が佇んでいた。

緩みきっていた、心の糸が張り詰める。

「誰だ？」

刺股を構え、問いかけたが返答はない。

無表情にこちらを見据える男の口元に、大きな黒子がある。

見覚えがあるような気がして、記憶を辿った。

——あ。

同級生だったユキオだ。

父親の転勤で、卒業と同時に引っ越して以来会っていないが、きっとそうだ。

「ユキオ？　俺だよ、伊藤！」

懐かしさに、顔が綻ぶ。

だが、男は無言のまま、駆け出す伊藤さんから逃げるように、廊下へと出ていった。

廊下に男の姿は無く、反対側からやってきた同僚に尋ねたが、誰もいなかったという。


夜、ユキオの連絡先を尋ねる為、幼なじみに電話をかけた。

「お前、知らなかったの？　あいつ、警察学校に入ってすぐ、事故で死んだんだよ」

信じられないまま電話を切り、押入れの中に眠っていた卒業アルバムを取り出した。

表紙を捲ると、『将来の夢』と題した寄せ書きがあった。

「僕は、学校の先生。ユキオは、おまわりさんって書いてました。

あの、青い作業着、警察官の制服だったのかなぁ？　彼は、亡くなってしまったけれど、お互いに、夢を叶えたんだなって思っています。
ただ、彼が、どうして図書室に現れたのか。未だにわからないんですよ」
彼の姿を見たのは、その一度きり。
四年間の在任中、児童の間でそのような噂がたった事も無かったそうだ。

祈願成就

悠太さんが、取引先の女性からのストーカー行為に悩んでいた時のこと。状況を伝え聞いた、京都の支店に勤務する同期の女性から、京都に縁切りと縁結びに御利益のある神社があるとメールがあった。その日の仕事帰り、わらをもつかむ思いで、新幹線へとび乗った。

乗車した新幹線は遅れに遅れ、京都に到着したのは二十三時頃だったという。スマホで神社のサイトを確認すると、参拝は終日可能と書いてあった。むしろ、人気のない夜中の方が願いが、叶うのでは？　そう、考えた悠太さんは、その足で神社へと向かった。

案の定、深夜の境内に人気はなく、等間隔に設けられた、橙色の灯りを頼りに、本殿への参拝を済ませた。

――○○との悪縁が切れ、良縁に恵まれますように。

授与所で形代に思いを書き込み、沢山の参拝者の手によって貼られた、形代で膨れている、「縁切り縁結び石」へと進んだ。

石の前に立つと、中央下部に人がひとり、やっと通れる位の穴が開いていた。

――ええと、表から裏で縁切り、裏から表で縁結び、最後に形代を貼って完了。

頭の中で順序を繰り返しながら、膝をつき裏側へと潜る。

思ったよりも穴は狭く、身動きがとれなくなるのではという恐怖に駆られながらも、なんとか裏側へ這い出た。

呼吸を整え、再び膝をつき両腕と顔を穴へ入れると、間近で砂利を踏む音が鳴った。

――あ、誰か来ちゃったか。

心の中で舌打ちをし、両腕に力を込め前に出ようとした瞬間、背後から女の声がした。

「きった」

すぐさま穴から上体を抜き、周囲を見回したが誰もいない。

気味が悪くなり、急いで形代を貼り、逃げるようにその場を後にした。

その後、件の女性は社内に恋人ができたらしく、悠太さんへのストーカー行為はぱたりと止んだ。だが、同時に女性との縁が全く無くなってしまったという。

裏から表へ潜らなかったことで、縁切り祈願だけが成就してしまったのだろうと、悠太さんは今も悔やんでいる。

川の月

石川さんが充てがわれた部屋は、渡月橋と桂川を望む最高のロケーションだった。

美しい眺めに、同行していた彼女の由紀さんも満足気だったという。

夕食後、部屋へ戻り窓際のソファーで寛ぎながら、翌日の計画を立てていた。

ふと窓の外を見ると、川面に大きな月が映っている。

「スポットライトみたいだな」

石川さんが呟くと、由紀さんもどれどれと身を乗り出して外を見た。

「ほんとだ。対岸の人を照らしてるみたいだね」

「人？　こんな時間に？」

時刻は、二十二時をまわっている。

訝しく思いながらも目を凝らした。

月あかりに照らされた黒い人影が、ずらずらと川へ入ってゆく。

一糸乱れず進む列に異様さを感じながら、列を辿ってゆくと、どうやら堤防の辺りから続いているようだ。

「こんなに寒いのに、大丈夫なのかな」

由紀さんのひと言にハッとした。

季節は一月、外はかなり冷え込んでいる。

思わず顔を見合わせたふたりが、再び窓の外に目を遣ると、街灯以外に灯りは無く人影は見えなくなっていた。

「月、隠れちゃったのかな?」

由紀さんがスマホのアプリを開くと、月齢は『新月』と表示されていた。


二日後、帰宅しテレビをつけると、旅番組だろうか渡月橋が映っていた。

ナレーターの声に耳を傾けながら服を脱いでいると、気になる言葉が聞こえた。

「渡月橋は、彼岸と此岸を繋ぐ橋……」

それ以上詳しい解説はなく、インターネットで調べたところ嵐山には、『化野《あだしの》』と呼ばれる、古くからの葬送地があるという事がわかった。

あの列を見た夜から悶々としていた石川さんは、それを知って、全てが腑に落ちたそうだ。

幽霊飴

京都で購入した、『幽霊飴』を口の中で転がしながら、ご提供いただいた怪談を書き起こしていた夜のこと。

麦芽糖の優しい甘味は、京都東山の葬送地・鳥辺野へ向かう道の途中、あの世とこの世の境目といわれる辺りで作られている。

——幽霊がわが子に運んだという飴を、今、舐めている。

そう意識した瞬間、ふと、黄泉戸喫《よもつへぐい》の神話が頭を過った。

コン

コン

デスク横の窓から、ノックが聞こえた。

視界の隅に現れた女児は、手のひらを網戸にあてて、じっと此方を覗いている。

四階の窓に、足場は無い。

視界の端で彼女を捉えたまま、気付かぬふりを決め込み、パソコンの画面と睨めっこした。

顔はぼんやりしていて、表情を窺い知ることはできないが、ショートカットの前髪にウサギの形のピンをしているようだ。

彼女は微動だにせず、私に何かを訴えかける様子もない。

ただ、網戸に手をあてて、じっと、此方を覗き込んでいる。

彼女と私の間に、静かな時間が流れた。

口の中の飴が溶けきり、デスクの上の小瓶に手を伸ばすと、彼女がぐいっと背伸びをした。

小瓶の中の最後の〝ひとかけ〟が、からんと音をたて、瓶の中でコロコロと賽子《さいころ》のように転がった。まだ、触れてはいないのに。

――瓶の中で気流でも発生しているのか？

瓶から画面へ視線を戻すと、彼女の姿は無かった。

窓の外が気になったが、ホラー映画の登場人物のような恐ろしい目に遭う妄想で脳内が満ちた。実話怪談を集めて書いている人間が、こんなことを言うのもなんだが、そういった事態は極力避けたい。

自分の中の矛盾に、解決がつかないまま、小瓶から幽霊飴を取り出し、口に入れた。

――甘味が、無い。

舐めても、舐めても、味に辿り着かない。

まるで、プラスチックを舐めているかのようだ。

首を傾げながら、味覚を捉えようと舌に全神経を集中させたが、最後まで味を感じることはなかった。

袋の飴を小瓶に補充するついでに、ひとかけ口に含む。

優しい甘味が、口の中いっぱいに広がった。

フィジーの宿

フィジーのとある島を訪れた、大森さんが体験した話。

学生の一人旅であった為、その日も安い宿を予約していた。安宿となると、どうしても治安の良くない地域になってしまう。狭い路地を抜けて辿り着いた宿は、全ての窓に鉄格子がはめられていた。

充てがわれた部屋へ足を踏み入れると、外観から想像していたよりも室内は明るく、大きな窓から望む中庭は、芝生が青々と眩しい。

――鉄格子さえなければなぁ。

溜息を吐いて、ベッドへ横になった。携帯を開くと、時刻は一四時。

ふいに眠気を覚え、そのまま目を瞑った。


目覚めると室内は真っ暗になっていた。

ベッドから降り、壁伝いに電気のスイッチを探る。指先が、ぬるりとしたものに触れた。

驚いてとび退いた、その先で、足をとられた。


「あわわわ」


まるで、ゼリーの上に立たされたように、足元が定まらない。

堪らずにベッドの上へあがり、枕元の携帯を探り当てた。

画面の明かりで部屋の中を照らしたが、室内に変わった様子は無い。

恐る恐るベッドから降りると、大腿に何かが纏わりついた。

両足をばたつかせ、振りほどこうとしたが、それはびくともしない。

携帯で照らした下半身に、真っ黒な男がしがみついていた。

両手足で男を押し退けようともがく。

男が顔をあげ、真白な眼を向けた。
恐怖に駆られ、気付けば男の頭目がけて、力一杯携帯を振り下ろしていた。
何度も、何度も、何度も……。
だが、男は微動だにせず、大森さんの太腿にしがみついている。

ふっと、周囲が明るくなった。
窓からは、柔らかい陽射しが差し込んでいる。
足元を見ると、男は消えていた。
手に握っていた携帯を見ると、十四時十分……。
目を瞑ってから、僅か十分しか経っていない。

——疲れて、おかしな夢でも見たのか?
乱れた呼吸を整えながら室内を見渡すと、捲れ上がっているカーペットの端から、黒っぽいシミが覗いている。

爪先でカーペットをめくり上げると、焦茶色のフローリングよりも一層濃く、どす黒いシミが露わになった。

それは、まるで人の体を押し付けたような形だったという。

増影

数年前の二月二日。小さな保育所の所長を務めている榎原さんが、事務室で雑務をこなしていると、子供たちのにぎやかな声が聞こえてきた。

お昼寝を終え、明日の節分会の踊りの練習をするようだ。

——アルバム用に、練習している様子を撮っておこう。

カメラを手にホールへ行くと、年長組の子供たちがスピーカーから流れる音楽に合わせて、リズミカルに体を動かし始めたところだった。

『鬼のパンツ』は、子供たちが大好きな曲のひとつだ。

元気いっぱい踊る姿に、自然と顔がほころぶ。

ふと、カメラのモニターに映る光景に、違和感を覚えた。
子供たちの背後の壁に映る人影が、子供の数よりも多い。

――ひぃ、ふぅ、みぃ、よ……。

数えている間にも、影と影の隙間ににょっきりと黒い影が生えてゆく。
あっという間に子供たちの背後が黒い影で埋め尽くされた。
曲の最後、頭に人差し指をたて、鬼のポーズをとった瞬間。
影は、瞬く間にしゅるしゅると、子供たちの影に吸い込まれていった。

再び数え直すと、壁の影は子供の数と同じ。
老眼のせいだと自分に言い聞かせ、とりあえず撮影を続けた。

――あれは、何だったのだろう。六十年近く生きてきて、初めての経験だ。

首を傾げながら事務室に戻り、パソコンに画像データを取り込む。

「ひゃぁ……」

開いた画像をみて、小さな悲鳴が漏れた。

モニターに映る子供たちの顔には、目がなかった。

体験談を語り終えた榎原さんは、鞄から取り出した一葉の写真をテーブルに置き、スッと私に差し出した。

ごくんと生唾を飲み、写真を覗きこむ。

「あっ」

どんな写真か聞いていたにも拘わらず、愕きを隠せなかった。
写真には、頭に人差し指をあて写る、六人の子の姿があった。
ちゃんと写っていれば、記念の一枚になっていたであろう。
だが、目の辺りだけが、まるで『のっぺらぼう』のようにつるんとしていた。

ペンギン

某ホテルチェーンで正社員として働いている宮城さんは、オープンして間もない簡易宿泊所への異動を命じられた。

好立地のうえ、全室人気のキャビン型。三か月先まで予約はほぼ埋まっている。

――売上は大丈夫、問題は……。

スタッフが定着せず、すぐに辞めてしまうことであった。

宮城さんも、突然退職してしまった、前支配人の代わりである。

――スタッフの定着率を上げる為には、問題を明らかにして改善せねば。

早速、業務の合間をぬって個人面談を行うことにした。

一人目の面談の席で、フロント係の桑田が開口一番に、ぼそっと呟いた。

「ペンギンが出るんですよ」

「ペンギン?」

スタッフ同士の人間関係が原因かと思いきや、原因は『ペンギン』だという。

思わぬ言葉に口元が緩んだ。

「笑い事じゃないっすよ、現にそれで、何人も辞めてるんですから」

「怒んないでよ。で、ペンギンって何な……」

ペタ
ペタ
ペタ
ペタ
ペタ
ペタ

フロントの方から、小刻みに歩く音が聞こえた。

——チェックインの客か?

すぐ、フロントに出たが、客の姿はない。

「ペンギンですよ。じゃぁ、お先です」

身支度を済ませた桑田は、硬い表情のままそう言い残し、退勤した。


——おいおい、何なんだよ。ペンギンって……。


音の原因を調べる間もなく、宿泊客が続々とやってきた。

慌ただしく業務をこなし、一息つく頃には二十時をまわっていた。

スタッフルームへ引っ込み、監視カメラのモニターを前にパンを齧る。

モニターに、三階の女性フロアの入口に佇む後ろ姿が映し出された。

腰まであるロングヘアー、体つきから、おそらく女性だと思われる。

——フロアに入る為のセキュリティカードを忘れたのか？

なかなか入ろうとしない。見かねて、カードを手に三階へ向かったが、入口には誰も居なかった。

——既に、中へ入ったのか？

念のためカードをかざし、入口を開ける。

ペタ
ペタ
ペタ
ペタ
ペタ
ペタ
ペタ
ペタ

自動ドアが開くのを待っていたかのように、背後からきた足が、真横をすり抜けた。

かぎりなく透明に近い、膝下だけの足は、薄暗い通路を小刻みに歩いてゆく。
両膝で結ばれた赤い紐が、ひらひらと歩みに同調し揺れている。

その動きは、まさにペンギンそのものだった。


「ペンギン見ました？」翌日、出勤してきた桑田がニヤついた顔を見せた。

——なんだ、コイツ。

小馬鹿にされた気がした。

「見たよ！　足だろ！」

「ああ、足かぁ！」

「なんだよ」

「足から上を見たら、みーんな来なくなっちゃうんですよね〜」

「見たことあるの？」

「無いですよ」

そう嘯くと、くすっと嗤った。桑田は、翌朝、清掃スタッフと挨拶したのを最後に、行方がわからなくなった。

後日、実家に居ることがわかったが、父親から、「働ける状態では無い」と話があり、どんな状態なのか？　と、詳細を訊ねたが、一切答えてはくれないまま、退職に至った。

「一体、何があったんでしょうね」

現在もそこで働いているという宮城さんは、不安気な表情を浮かべた。

観覧車

夏休みの間だけ、小さな遊園地の観覧車のスタッフとして働くことになったトオルさんは、先輩の坂本さんに助けられながら、慣れない業務をこなしていた。

あと数日で夏休みが終わろうとしていた、ある日のこと。

町内の祭りが行われている為か、園内は珍しく閑散としていた。

流れるように廻るゴンドラを眺めながら、眠気を堪え、ただ時が過ぎるのを待つ。

結局、一人も乗せることなく、閉園の音楽が流れた。

「中のチェックよろしく」

そう言い残し、ゴーカートの点検に向かった坂本さんの背中を見送って、ゴンドラの乗降スペースに立った。

最初に来たピンクのゴンドラに、目印の蛍光マグネットを貼り、扉を開けて視認し、扉を閉じた。あとは降りてきた順に一台ずつ中を確かめてゆく。

あっという間に一周し、戻ってきた最初のゴンドラからマグネットを外して、操作室へと戻った。

キィッキッキッキッキッキッ……

耳慣れない、金属が擦れ合う律動が響いた。

観覧車を仰ぎ見ると、先刻見送ったピンクのゴンドラが揺れている。

座席の上でぴょんぴょん飛び跳ねる、子供と思しき影の動きに合わせて、ゴンドラは揺れ続けた。

——いま、確認したのに……。

一台だけ揺れるゴンドラを見つめたまま、呆然と立ち竦む。

「おーい、止めろよ！」

坂本さんの怒声が聞こえた。

だが、体がうまく動かない。

全速力で向かってきた坂本さんが、操作室の中にとび込んだ。その直後、観覧車が停止した。

動力を失ったゴンドラが、一斉にゆらゆら揺れる。

頂上を過ぎたあたりで止まった、ピンクのゴンドラが、深呼吸をするように大きく振れ、ぴたりと動きを止めた。

他のゴンドラは、まだゆらゆら揺れ続けているというのに……。

不思議な現象を目の当たりにし、呆然とゴンドラに釘付けになった。

操作室から出てきた坂本さんは、いつになく真剣な表情を浮かべている。

「だめだよ。降りてきたら、ついてきちゃうんだから」

峠

雲ひとつない爽やかな初夏のこと。

サイクリングが趣味の城田さんは、とある峠で息を弾ませペダルを漕いでいた。

——あー、キツイ。

息苦しさから自然と顎があがる。運動不足で鈍った脚が久々の負荷に悲鳴をあげていた。

ふと、道路脇に立つ、金属製の看板が目に留まり、足を止めた。

いつ立てられたものだろうか、大きな横長の鉄板は、腐蝕が進み、表面全体の大部分に塗られた赤いペンキがボロボロと崩れている。

よく見ると、白いペンキで書かれた、丸っこい文字がうっすらと残っていた。辛うじて読めた、先頭の一文字は『ド』——『ド』といえば、コンビニが台頭するまで、日本各地にあった、『ドライブイン』だろうか?

天辺に、残っている矢印が示す先には何も無く、駐車場の跡地と思しき古いアスファルトは草木に侵されていた。

息が整うのを待つ間、サドルに跨ったまま、暫し辺りを見回したが、ドライブイン跡地らしきもの以外には何もなかった。

再びペダルに足を掛け、漕ぎ出す瞬間を、見計らっていたかのように、白い軽自動車がスーッと横に付けてきた。

ぎこちない動きで窓が開く。

——今時、手動かよ。

車体を見る限り、そんなに古くはなさそうだが……。

じろじろ観察していると、半分ほど開けられた助手席の窓から、髭を蓄えた中年男性が顔を覗かせた。運転席では細面の青年が、前方を直視したままハンドルを握っている。

「どちらまで」

中年男がぶっきらぼうに訊ねた。

――話しかけてきておいて、随分な言い方だな。

そう思いながらも、「麓の町を目指している」と、愛想よく答えた。

だが、男は何も応えない。

そのまま車は急発進し、あっという間にカーブの先へ消えた。

――変な人たちだな。

少し、引っかかった。

だが、既に立ち去ったのだ。気にしても仕方がない。

再びサドルに跨って、きつい峠を越え麓の町で一泊した。


それから三か月後、山々が紅葉で色付き始めた頃。友人同士で、件の峠を越えて温泉を目指した。

きつい坂の途中、錆びた赤い看板を目にして、ふと、あの奇妙な車のことを思い出した。

だが、ハイペースな友人たちについてゆくのがやっとで、足を止めることなく通過した。

峠を上りきり、頂上にある休憩所で一息ついていると、仲間の一人がこんな事を口にした。

「あのさぁ、五年くらい前にこの峠通ったとき、白い軽に乗ったオッサンに声かけられてさ。どこまで行くか訊かれたんだけど、答えようか迷ってたら、怒鳴ってきてさ。なんか怖くなって、「ふもとまで!!」って返したら、猛スピードで峠上がってってたんだよ」

「あ、オレも会ったことある」

「えー、オレも」

仲間全員が遭遇していた。

いずれも、一人で上っているとき。

赤い看板の近くで。

「もしかしてさ、不法投棄の監視で巡回してる地元の人なんじゃない?」

「ああ、それなら無愛想なのもあり得るよね」

友人達が次々と出す憶測に一度は頷いたが、近くに民家もない峠道。どうして同じタイミングで姿を現すことができるのか、説明がつかない。

他の皆も、やはりどこか腑に落ちないものを感じているようだった。

「さぁ、そろそろ出ようか」

各々、身支度を整えていると、別のグループが入ってきた。

先頭を歩く、オレンジのウェアを着た男が夢中になって喋っている。

「でさー、関係ねーだろって言って、無視してチャリ漕ぎはじめたらさ。その先のカーブから、白い軽が走ってきたんだよ。あれ？　って思ってよく見たら、さっきの二人が乗っててさ。また、車を横付けして、同じ事聞くんだよ。『どちらまで』って」

ふと友人達に視線を送ると、皆、微動だにせず、男の話に耳を傾けている。

その時、一組の家族連れがやってきた。男の話の続きが気になったが、席を譲り、その場を後にした。

宿泊した宿の仲居さんに尋ねたが、一笑に付された。

今も、あの白い軽自動車と、乗車していた者の正体はわからないままだ。

とぷん

飛沫をあげ、轟々と滝壺に吸い込まれてゆく。

掴まる柵が無ければ、すっと身体を引き込まれてしまいそうだった。

滝を囲むように、自然と形成された崖の先端に沿って設置された黄色い柵は、ところどころ塗装が剥がれ腐食している。

両手に、ぐらつきを感じた途端、柵への信頼を失い、急いで数歩下がった。

なんとなく辺りを見回すと、柵の左端に立つ女性に気が付いた。

黒いワンピースに身を包んだ、その女は、花束を踏みつけ滝を眺めている。

足元の花束が気になって様子を窺っていたが、長い黒髪に隠れ表情が見えない。


——そろそろ帰ろうかな。

滝に視線を移した直後、視界の隅で、女がしゃがみ込んだ。
急いで視線を戻す。
不意に、柵の前に置いてあったカップ酒を手に取り、一気に飲み干すと、滝に向かって
カップを投げた。
そのまま躊躇う素振りもなく、柵を乗り越え、崖下に姿を消した。

とぷん

後を追うように、小さな水音が響いた。
音の大きさに違和感を覚えたが、崖下を覗きこむことは出来ない。

――警察！　救急車！

慌ててバッグの中を探ったが、スマホが見当たらない。

車へ戻ろうと踵を返し、息を呑んだ。

——え？

駐車場へ続く遊歩道に、崖下へ飛び降りた女の姿があった。

歩く速度で此方に向かってくるが、女の両足は全く動いていない。

——来ないで、来ないで、来ないで、来ないで！

念仏を唱えるように、心の中で繰り返す。

女は、此方を見ることなく、あっという間に目の前を通り過ぎていった。

そして、先刻佇んでいた、柵の前に立つと、再び、倒れた花束を踏みつけた。

「女が、私の前を通り過ぎた時、顔が見えたんです。私と同じ顔でした。この黒子の位置も同じで……」

佐和さんは、目元の大きな黒子を指した。
あの女は未来の自分なのでは――。
目にしたことを、思い出せば思い出すほど、不安でたまらないそうだ。

ピンポン

裕さんのお宅の向かいに住む、一人暮らしのお爺さんが亡くなった。

葬儀の翌日、向かいのお宅の窓が全て開け放たれ、娘夫婦が家の中のものを運び出していた。

――葬儀が終わったばかりだというのに。少し、早すぎやしないか？

そう思いつつ、挨拶がてら声をかけると、遠方に住んでおり、なかなか来られないと言いながら、燃えるごみの袋をトランクに詰め込む様子を目にして、風除室に入れておいてくれたら、ついでに出す、と提案した。

越してきて一年ほどだが、向かいのお爺さんにはお世話になった。

少しでも、お礼ができればという思いだったという。

明朝、出勤時刻に間に合うよう、四時に起床して外へ出た。
東の空はまだ暗く、ゴーストタウンのように静まり返っている。
スマホのライトを照らして、向かいの家の風除室を開けた。
左側に、燃えるゴミの黄色い袋が山積みになっている。

ピンポーン

呼び鈴が鳴った。

――押しちゃったのか？

誰も居なくなった家の中から、お爺さんが出てきそうな気がして、もう押すまいと慌てて呼び鈴のボタンを探す。

――あ。

彼方此方、照らして見つけた呼び鈴は、玄関の右側にあった。

——あれ……？

きぃぃ

無人の家の中で、蝶番が音を立てる。

がふっごふっ

——咳？

話し始めるとき、必ず咳き込んでいた、お爺さんの姿が脳裏を過ぎる。
心臓が早鐘を打つ。
一番上に積まれていた袋の結び目から、履き古した黒い革靴が覗いていた。

——まだ、捨てて欲しくないのかな。

せめて、次の回収日まで置いておこう。

ピンポン

ピンポン

手ぶらで風除室から出た瞬間、連続して呼び鈴が鳴った。

それはまるで、「正解」と言っているかのようだったという。

青いシーツ

団地の管理人をしている拓也さんのもとに、住民から一本の電話が入った。

「二号棟の五階のベランダに女がいる」

老朽化で、立ち入り禁止になっている棟だ。

——侵入者か？

鍵を手に、二号棟へ急いだ。

到着し仰ぎ見ると、五階角部屋のベランダに、青いシーツが掛かっている。

息を弾ませながら階段を上り、部屋の前に辿り着いた。
鍵を挿し回したが、手応えがない。

——開いてる？

ゆっくりとドアを引いて、中を覗きこんだ。
うっすらと積もった埃の上に、足跡はない。
恐る恐る、土足のまま部屋にあがった。
全ての扉が開け放たれた室内には、人の姿はない。
ほっと胸を撫で下ろし、視線を向けたベランダで、青いシーツが風になびいている。

「なおきさぁん」

背後からの声に、びくんと体が跳ねた。
肋骨を撫でるように、細い腕が胴に絡みつく。

「何すんだよ！」

絡みついた腕を引きはがし、振り返ったが誰もいない。

立ち尽くす背中に、すーっと指先でなぞる感触が走った。

――い？

――っ？

――し？

――よ？

――に？

総毛立った。

振り返ることなく部屋を飛び出し、一気に一階まで駆け降りると、まるで待ち構えていたかのように、自治会長の飯島氏が佇んでいた。この団地が建った当初、四十年ほど前から住んでいるという穏やかな老紳士だ。

「入ったの？」

「はい、連絡があって。青いシーツ……」

見上げると、ベランダに掛かっていたシーツが無い。

話を遮って、氏が口を開いた。

「噂ですがね……」

三十年ほど前、角部屋の五一〇号室には一組の夫婦が住んでいた。

妻には不倫相手がおり、『青いシーツ』をベランダに掛けて、夫の留守を知らせては、逢瀬を繰り返していたそうだ。

やがて、噂が夫の耳に入り、問い質された妻は不倫相手を選んだ。

夫が出ていった、秋口頃から、青いシーツがベランダに掛けられたままになったという。

年が明け、雪遊びをしていた子供たちが、雪の中に埋もれた足底を見つけた。

ベランダから飛び降りたのか、女は軒下の雪山に逆さまに刺さり絶命していたそうだ。


——噂で聞いたという割に、随分詳しいな。

飯島氏の口ぶりに、違和感を覚えた。

「早く、取り壊されるといいですな」

そう話を締めくくった氏は、笑いながら茶封筒を差し出した。

管理人室へ戻り、受け取った封筒を開く。

自治会費の値上げに関する資料だ。

——飯島直紀。

自治会長の名を目にした瞬間、耳の奥で悲しげな声が響いた。

「なおきさぁん」

さっきの、女の声だった。

コースター

喫茶店に勤める八木くんは、常連の女性から、木を組んで作ったというコースターを手渡された。

「神の気が宿っているから……」

顔を合わせる度、ライン交換を迫られ辟易していた。関わりを持ちたくないため、きっぱり断ったが、しつこく食い下がられて、結局は、渋々受け取ったという。

その日の帰り道、八木くんは、駅の階段で段差を踏み外し、かなりの高さから転落した。

身体の中心から、真っ二つに斬られたような鋭い痛みが貫き、悶え苦しんだ。

救急搬送され精密検査を受けたが異常はない。医師は単なる「打ち身」と言うが、とてもそうは思えない痛みであった。医師も最初は帰宅を促していたが、投与した鎮痛剤が効かず、歩くこともままならない八木くんの様子をみて、一転、入院を勧めた。

病室に運ばれても尚、痛みが退かず、朦朧とする意識のまま夜を迎えた。

部屋は個室で、間接照明が点いており、消灯後もそれらは点いたままになっていた。

スーッ

扉がスライドする音で、目が覚めた。

――看護師さんか？

喉がカラカラに乾いているが、身体を起こすことができない。

「あのう、お水ください」、やっとの思いで、声をしぼり出した。

部屋の中で、ガサガサと何かを探す音が聞こえる。

わずかに顎をひき、視線を向けた先に、部屋の奥のロッカーを探る、母親の姿があった。

遠い実家から、駆けつけてくれたのか。痛みで、ボロボロになった心に滲みた。

「なんか探してるの？」、かすれ声で訊ねた。

「かえせぇ」

「え？」

「かえせぇ！　かえせぇ！　かえせぇ！　かえせぇ！」

姿は母そのものだが、此方を睨みつける形相、地鳴りのような野太い声は別人のようだ。

次第に醜く歪む母の顔。その手には、あの女から渡された、コースターが握られていた。

少し落ち着いていた痛みが、再び強く身体を刺した。

遠のく意識のなかで最後に見た母の顔は、蝋のようにドロドロと溶け崩れていた。


数時間後、物音で目覚めた。点滴の交換にきていた看護師に、母の居所を尋ねると、実家に連絡したが、遠方のため、到着は明日の午後になると聞いている、と言われた。


開店前に病室を訪れたマスターに、この事を話してコースターを託した。

店を訪れた女を問い質したところ、コースターに使用した木は、神社のご神木の枝を伐ったものだと判明し、それを知ったマスターは、すぐさま店を閉め、その神社を訪ねた。

事情を話し、コースターを納めたのと同じ頃、八木くんの身体の痛みは嘘のように消えたという。

それ以降、件の女は、喫茶店に姿を見せていないそうだ。

マキリ

某漫画がきっかけで、アイヌ文化に興味を持った倉田さんは、ネットフリマでアイヌの工芸品が出品されていることを知った。

中でも、木彫りの工芸品に強く惹かれ、仕事を終え帰宅すると、毎日のように、ビール片手に出品物を検索するのが日課になった。

ある日、サイトを眺めていると、繊細な彫刻が施された『マキリ』が出品されていた。

マキリとは、アイヌ民族が古くから日常生活に用いてきた小刀で、鞘と柄、両方に彫刻が施されているものが多い。

しっかりと浮き上がるように彫られている『うろこ彫り』は、まるで生きた魚の鱗のようで、渦巻くモレウは激しい川の流れのように感じられ、胸が高鳴った。

古いものなのか、年季を感じる色味も良い。

ただ、商品説明を読みすすめると、キズ有と記されていた。

画像を開くと、柄の真ん中に、刃物で引っ掻いたような一筋の傷がついていた。

——まぁ、この位ならいいかな？

手頃な価格ということもあり、すぐに購入手続きをした。


数日後、丁寧に梱包された、マキリが届いた。

包みを開き、想像以上の美しさに息を呑んだ。

力強い彫刻と、年数を経た木の質感で目を十分に潤した後、鞘を引いたが、固くてびくともしない。

少し、ガッカリしたが、実用する目的で入手したわけではない。あくまでも、観賞用だ。

早速、飾り棚に用意しておいたスタンドに、マキリを乗せた。


深夜、歌うような声がして、目が覚めた。

声の主が男だということは判るが、何を言っているのかが、さっぱりわからない。

耳を傾けているうちに、うとうとと再び眠りに落ちた。

翌朝、シェーバーで髭を剃りながら、リビングへ行くと、床にマキリが落ちていた。

拾い上げ、棚に戻そうとしたが、スタンドが無い。シェーバーの電源を切り、棚の後ろを探ったが、どこにも見当たらない。

あっという間に出勤時刻が迫り、慌てて自宅を出た。

会社に着いて鞄を開けると、真二つに割れたスタンドがファイルにはさまっていた。

昨夜、帰宅してから、鞄は寝室に置いたままであった。

――いつ、鞄の中に入り込んだのか？

首を傾げたが、棚から落ちた拍子にフローリングで跳ねて、偶然、鞄の中に入ったんだろう――深くは考えなかった。

帰宅途中、新しいスタンドを購入し、帰宅して再びマキリをのせた。

その日の夜も、歌うような低い男の声で目が覚めた。

電気を点け、そっと隣のリビングを覗く。

リビングの床に、マキリが転がっていた。
力いっぱい引っ張っても抜けなかった鞘が抜け、切っ先が剥き出しになっている。
手に取ると、錆びついた刃の周りに、ごっそりと土がこびりついていた。
——鞘は？
辺りを見回したが、見当たらない。
——もしや……。
寝室のクローゼットに置いた鞄を開く。
鞄の底に、鞘が転がっていた。
手にすると、鞘の内側からパラパラと土が零れ出た。

もう、偶然とは思えなかった。
——手放すのは惜しい。だが、家に置いておくのは……。
悩んだ挙句、物置として借りているレンタル倉庫へ向かった。
鞄から出したマキリを、段ボールの中に入れ、ガムテープで封をした。

数日後、アイヌ文化にハマったきっかけとなった漫画の新刊が発売した。

読み進めているうちに、あるシーンが目に留まった。

――死んだ者の遺品に傷をつける？

調べると、亡くなった人が愛用していた遺品は、軽く傷をつけ、この世での役目を終えさせてから、故人があの世でも使えるように副葬品として遺体と一緒に埋葬し、ポクナモシリ――あの世へ送るという、アイヌ民族の風習がある事を知った。

そういえば、アイヌに墓参という習慣は無く、供養は誰かの命日ごとではなく、コタン（集落）単位でシンヌラッパ――先祖供養の儀式が行われていたと聞いたことがある。

その為、研究者によって遺骨や副葬品の盗掘が相次ぎ、今日まで続く遺骨返還問題に繋がったとも……。

――返さなきゃ……。

レンタルルームに駆け込み、段ボールの封を開けた。

マキリがしっとりと濡れている。まるで、涙を流しているようだった。

盗掘されたものだとしたら、どこの地方から盗まれたものなのか？

マキリに手掛かりはなく、皆目見当がつかない。

そもそもの持ち主である、出品者に連絡を取ることを思いついたが、既にアカウントを削除していた。

知り合いの伝手で、アイヌ民族の血を引く老男を訪ねた。

手渡したマキリを眺め、暫し考え込んだ後、「地に還すことが一番では」、そう結論を出した老男の案内で、かつて親戚のコタンがあったという山間の地へ赴いた。

既に自然に還り、草木が生い茂っている。

かつてコタンがあった事を思わせるものは何も無い。

辺りを見回し何かを探していた老男が、桂の大木を指して嬉しそうに呟いた。

「あそこだ」

コタンの人々を埋葬していた辺りだという。

平坦な場所を見つけ、硬く張った草の根を削りながら土を掘った。

地中に納め、土をかける。

あの夜耳にした、男性の歌声が聞こえてきた。

「ああ、持ち主の声かな。私はアイヌだけれども、アイヌ語がわからない。かつて、私の祖先が、和人から話すのを禁じられたせいで、何を言っているのかわからないんだ」、目を潤ませ、懐から取り出した煙草に火を点けて、そっと土の上に挿した。

声はだんだんと遠のき、やがて聞こえなくなった。

ウェンルパロ

比布町《ぴっぷ》の突硝山《とっしょうざん》——通称、石灰山《イシバイヤマ》にはあの世に通じる洞窟がある。

その洞窟は、アイヌの方々からウェンルパロと呼ばれていた。

ウェンルパロとは、直訳すると、『悪い穴』という意味だが、近隣の人はここを『地獄穴』と呼んでいたという。ちなみに、『地獄穴』は、アイヌ語で、アフンルパロといい、道内に幾つか、伝説の残る場所がある。

「昔は中に入る事ができた」「覗くことができた」、という話を地元の古老から聞いたが、実際に入った事がある方には、出会えなかった。

以前、鍾乳石が生えていたという、その洞窟は、現在、落石を防ぐ網でガードされており、中に立入ることは出来ない。

半ば、諦めていた頃、以前、お話を伺った方からの紹介で、キヨさんという高齢女性から連絡をいただいた。

張りのある声にハッキリとした口調、年齢を聞いて思わず驚いてしまうほど、若々しい。

キヨさんの生家は農業を営んでおり、石灰山まで畦道が繋がっていたという。

「女は勉強なんてせんでいい」そう言われ、希望していた女学校への進学は叶わなかった。決して貧しい家ではなかったが、女学校へ進んだ三つ年上の従妹が、男女の問題を起こし、『悪い虫がつかんように』『家で花嫁修業しとった方がいい』と、両親は容易に方針を変えた。

――こんな醜女、誰も相手にせんっちゅうに。

心の中で悪態を吐きながらも、親に逆らうような事は決して口にできなかった。

家事を手伝いながら、年の離れた弟を背負って歩いていると、「あら、いつの間に」などと指をさして近所の者が笑う。

「子供が子供を拵えて。ねぇ」

――わかっとるくせに！　意地くそ悪い！

怒鳴りつけて、肥やしでも投げつけてやりたい衝動に駆られたが、そんな事でもしようものなら、やれ狐憑きだの何だのおかしな噂をたてられる。それが、容易に想像できるから、口を結んで堪えた。

「ちっと休め」

見かねて、離れからこっそり手招きしてくれる、祖父の妹であるタツ婆は唯一の味方だ。

祖父が死んで代替わりしたのを機に、タツ婆には『離れ』が与えられ、繕いものをしながら余生を過ごしている。

「キヨは働きもんだから、嫁にいっても出されることは無いな」

「出される？」

「離縁されるっちゅうことだ、わっちみたいに……」

タツ婆は、子供ができぬ事を責められ、婚家を追い出されたという。

その頃、実家では、兄嫁――つまり私の祖母が、五人の子を残して亡くなった。

祖父は、後妻を迎えようとしたが、まだ若かった相手方が、五人の母親になるのを嫌い、話は流れた。

子供の面倒をみる事、家事をする事を条件に、実家に戻らせて貰えた。

その日、タツ婆が出してくれたお茶は、いつもより苦かった。

弟は、朝だろうが夜だろうが、此方の都合はお構いなしに泣き叫ぶ。

両親が近所の拝み屋を呼び、『虫封じ』をしてもらったが、効果は全く感じられなかった。

何が気に入らないのか、一度火が付くと何時間でも泣き叫び続ける。

七月の終わり頃、夜になっても暑く、それが気に入らないのか、いつにも増して夜泣きが酷かった。

両親は、不幸が出た親類の家へ行って居ない。

まだ幼い、他の弟妹が目を覚ましても厄介だ。

泣き止まぬ弟を背負って、そっと母屋から出た。

畦道と納屋の前を何度か往復していると、畦道の先――石灰山のふもとに灯が燈って消えた。

――なんだべ？

暫く眺めていたが、松明のような赤い炎が、再び燈ることはなかった。

数日後、石灰山のすぐ傍に住む、父の弟が亡くなった。

葬儀の手伝いに駆り出され、通夜振る舞いを口にしている最中、背中の弟が泣きわめいた。あやしながら外へ出て、畦道をうろうろと歩く。

葬儀の家から大勢の声が漏れ、通夜を終えたばかりだというのに、まるで宴会をしているようだ。

家の前と畦を行ったり来たり。漸く、弟が寝息をたてはじめた。

――はぁ。もう帰りたいなぁ。

畦をまっすぐ歩けば、自宅に戻れるが、一人で夜の畦を進む勇気はない。

ふと、暗い夜道で狐に化かされ、水路に落ち命を落とした人の話が頭を過《よぎ》った。

ひんやりとした、秋の夜風が脛を撫ぜ、ぞくりと背筋が冷たくなった。

――中へ戻ろう。

踵を返すと、玄関からランプを提げた父が出てきた。

――帰るのかな？

慌てて、父の背を追った。

父は、ゆっくりと石灰山の方へ歩いてゆく。

家とは真逆の方向だ。

背の弟を気にしながら、小走りで父に追いつき、顔を覗きこむ。

「おとうちゃん、なして遠回り……」

――おじちゃん⁉

父と背格好が似ている、亡くなった叔父であった。

両手をぶらぁんと下げたまま、足を止めることなく進んでゆく。

導くように先を照らしている、仄白い灯りはランプではない。

空中に漂う光の玉、だ。

叔父は、一歩一歩、光の玉と同じ速度で進んでゆく。

あっという間に山裾に差し掛かり、追うのを止めた。

この先には、『地獄穴』がある。そっと手を合わせた。

叔父は滑るように斜面を上がり、あっという間に『地獄穴』の前に立った。

炎のように真っ赤な光が叔父を包み、すぐに夜の闇が戻った。

月明かりをたよりに目を凝らしたが、叔父の姿はなく、『地獄穴』がぽっかり口を開けていた。

――そういえば、石灰山の方で灯が燈る時って、ここらで不幸があった時だなぁ……。

ただの言い伝えだと思っていたが、ほんとうにあの世への入口だったとは。

身震いがした。


それから間もなく、大雪山が白い帽子を被った朝、タツ婆が息を引き取った。

朝食を食べに母屋に現れないため、離れに様子を見に行くと、部屋の隅で冷たくなっていた。

這って布団から出たのか、掛布団はタツ婆が脱皮した跡のように膨れていた。

――最期を看取ってあげたかった。

ひとり寂しく逝かせてしまったことが申し訳なく、タツ婆の亡きがらを抱きしめて泣いた。

通夜の後、母が慌ただしくしている隙を見計らって、家を抜け出た。

――タツ婆と話がしたい。その一心で、ひとり暗い畦道を駆ける。

地獄穴を目指して。

山裾に辿り着くと、今、駆けてきた畦道を、仄白い灯りが進んできた。

まっすぐと、此方へ、地獄穴に向かって進んでくる。

数メートルの距離まで近付き、漸く顔が見えた。タツ婆だ。

ただ、お別れを言いたい。それだけだった。なのに、いざタツ婆の姿を前にすると、我を失った。

「タツ婆！」

抱きつくと、タツ婆が足を止めた。

仄白い灯りは、タツ婆を置いて山肌を撫で進み、あっという間に、地獄穴に消えた。

ふっと、腕の中からタツ婆が消えた。

——結局、タツ婆に何も伝えられなかった。

肩を落とし、家へ向かって歩いていると、自宅の方から歓声にも似た、騒々しい声が聞こえる。

——人が死んだってときに、なしてあんなに騒げるのかな。

無神経な弔問客に怒りが湧いた。

腹の虫が治まらないまま家に入ると、幼い妹が駆け寄ってきた。

「タツ婆が生き返ったよ」

座敷に駆け込むと、青白い顔をしたタツ婆が上体を起こしていた。

「タツ婆！」呼びかけた私を、タツ婆は睨みつけた。

「なして、行かしてくれんかった」

その日から、寝たきりになったタツ婆は、部屋を訪ねる度、「あのとき、お前が止めたから、こんなに苦しいんだ。殺してくれ」、そう詰め寄った。

「キヨが地獄穴の前で、私を行かせんかった。キヨのせいだ」——それが、タツ婆の口癖になった。

何度も謝ったが、タツ婆は決して許してはくれない。

「悪いと思うなら、殺せ」

そう言って、何度も何度も責め続けた。

厳しい冬が終わり、蕗の薹が顔を出し始めた頃――タツ婆が、息を引きとった。

「もう、つかまえてくれるなよ」

息も絶え絶えに今際の際で残した言葉が、心に深く突き刺さった。

田植えの時期を迎え、遠縁の姉妹が手伝いに来た。

タツ婆が暮らしていた離れに、荷物を置きに入った二人はすぐ、母屋に駆け込んできた。

「タツ婆が……」

震える手で指した離れの窓に、タツ婆の姿があった。

険しい表情で此方を見つめるその形相は、最期に見せた苦悶の表情と同じだ。

母屋の騒ぎを聞きつけた父が、板切れを離れの窓に打ち付けた。あっという間に、戸と窓を塞いでしまった。

閉ざされた小さな離れには、それ以降誰も寄り付くことはなかった。

数年後、キヨさんは、縁あって隣町へ嫁ぐことになった。
実家で過ごす最後の夜、床に就いたが、なかなか寝付けない。
何度か寝返りを繰り返していると、突如、窓の外が明るくなった。
離れから赤い炎があがっている。
大声をあげて、家族を起こし、共に母屋を離れた。
奇跡的に延焼は免れたが、離れは全焼した。
——えらいことになったなぁ。
母屋に戻り、二階の窓から離れを見下ろした。
両親と、消火に集まった近所の人たちが、焼け跡の前で話している。
人だかりの間を縫うようにすり抜けてゆく、白い着物姿の女が目に留まった。
——タツ婆だ。
タツ婆は、ゆっくりとした足取りで畦を進み、石灰山の方角へ消えた。

カムイコタン

地元・旭川に帰省する度、必ず立ち寄る場所がある。

札幌方面から、旭川へ向かう途中にある、『神居古潭《カムイコタン》』という景勝地だ。

カムイコタンはアイヌ語で、神の住むところという意味で、奇岩奇石のあることから、魔神伝説など、様々なアイヌ伝説の舞台にもなっている。

深すぎて、計測が不可能といわれるその川の深さは伝承によると、約七十メートルといわれている。

吊橋から川面を覗くと、一面、底の見えない濃緑で、所々、川面がグルグルと渦巻いている。

その様を目の当たりにすると、まさかとは思いつつ、相当な深さがあるように見えてくる。

だが、執筆を始めて、現在も計測不可能なのか？　その点が気になって、所轄の役所に問い合わせた。快く、レーザーで計測したデータを教えて下さり、川面から川底まで十八メートルとの結果に、酷く拍子抜けしたので、記念に記しておく。

昭和の最後のほう、ある病院の院長が、妻を殺害し失踪。神居古潭の吊橋から、身を投げて命を絶った。

その病院と、殺害現場である自宅が、雑居ビルとして貸し出されていたが、数年前、遂に取り壊された。

取り壊しの一年ほど前、格安で入居者を募集していたので、少しの間借りてみようかと、内見にいったことがある。

中は、『病院』の造りのままで、一階は、工業系の企業が借りているようであった。

電話で、二階より上の部屋が全て空いていると案内があった為、薄暗い階段をとぼとぼ上がった。

部屋の前には、大部屋のネームプレートやナースコールのライトがそのまま残されており、ここが『病院』であったことが、改めて感じ取れた。

ぐるっと見回った後、再び、薄暗い階段を通って三階へ上がり、手前の部屋を覗き込んだ瞬間、濃い、煙草の臭いが鼻をついた。

まるで、鼻先に煙草の煙を吹きかけられているような、強い匂いにむせ返る。

一旦、部屋から出て、再び入ると、匂いは感じられなかった。

この日から、私に煙草の匂いが纏わりついた。

会う人会う人、「煙草吸った?」と訊ねてくるのだ。

某出版社のパーティーに赴いた際も、写真撮影を引き受けてくださった方が、カメラを返してくださる際、「撮る時だけ、煙草の臭いが……」と言い辛そうに仰った。

この方とは初対面で、この件を知るはずもない。

ぞっと、鳥肌がたった。

とは言っても、たかだか煙草の匂いである。

気にはなるが、実害はない。

そもそも、興味を持って相手のテリトリーに踏み込んだのは、『私自身』だ。

もし、あの元病院に足を踏み込んだことが原因なのであれば、事件に至った理由をきちんと把握したうえで、しっかりと向き合ってみよう、そう決心した。

当時、センセーショナルに報じられた事件だけに、資料を探すのは容易であった。

新聞、雑誌、事件について記載のあるものについては、全て目を通し、当時の院長を知る方からもお話を聞いて回った。

入手できる情報を全て把握したころ、友人が自宅を訪ねてきた。

「煙草、やめたんだね」

私に纏わりつく、『煙草の匂い』に解放された事に気が付いた瞬間だった。

『見えない存在を無闇に否定することはせず、納得がいくまで調べ向き合う』今の私のスタンスを築くことになったきっかけである。


扨《さて》、昨夏の帰省の折も、神居古潭に立ち寄った。

ここを訪れる度、かつて纏わりついた煙草の匂いや、ご提供いただいた体験談、若かりし頃心霊スポット巡りで訪れた際に起きた怪異が、ぐるぐる頭を駆け巡る。

羊雲に埋め尽くされた、朱い、幻想的な空に見惚れ、吊橋の上で写真を撮っていると。

グイッ

後ろで束ねた髪を強く引かれ、よろめいた。

『通り魔』

という言葉が、脳裏を掠める。

背後には誰もおらず、慌てて振り返った対岸は、闇を湛えていた。

鬱蒼とした木々のトンネルの奥から招かれているような気がして、恐る恐る足を踏み入れる。

石段を上がり、誘われるようにトンネルへ向かった。

霊が出ると噂されている、機関車の横を通過したところで、首筋から背中にかけて冷たいものを感じた。

手で探ると、髪の結び目から下が、ずぶ濡れになっていた。

ぐいっと前に引き寄せると、先端から落ちた雫が、乾いた地面に散った。

駐車場まで戻り、眺めた対岸は、既に、夜の闇に支配されていた。

「日が暮れると、この吊橋を境に、彼岸と此岸になるよ」

以前、ある方から言われた言葉が、ふっと脳裏を過る。

湿った毛束から、川藻の生臭い匂いがした。

あと九枚

病院の待合室で知り合った岩野さんは、数年前にお孫さんを病気で亡くしたという。

まだ、小学校に入ったばかりで、これからの成長を楽しみにしていたが、突然の病魔によって、その想いは絶たれた。

「親より先に逝くのは不幸だ」

昔からよく聞く言葉であるが、その辛さを、身を持って実感するなんて。

悲しみに暮れ、毎朝夕、仏壇に手を合わせて過ごしていた。

孫の剛くんが亡くなった翌年の、敬老の日。

子孫が集い、全員でお祝いしてくれたが、剛くんの姿が無い現実に、悲しみが押し寄せた。

夕方になり、各々が、家路についた。
ソファーに座り、瞑目する。
さっきまで賑やかだっただけに、静寂が際立った。

コトッ

仏間から、物音が聞こえた。
——ああ、まだ仏さんにご飯あげてなかったねぇ……。
膝に手をあて、よいしょと腰をあげた。
あたたかいご飯を仏飯器に盛り、お供えして燈明を灯す。
燈明に線香をかざしていると、背後からぱたぱたと駆ける音がした。
——誰か、忘れ物でもして、戻って来たんかな？

「忘れ物かい？」

香炉に線香を立て、振り返ろうと腰を浮かせたが、静止するように両肩に手がのった。

小さな、小さな手だ。

「ばあちゃん」

耳許で、男の子の声がした。

聞き覚えのある、その声に、胸の高鳴りを覚えた。

「剛、かい？」

返事の代わりか、両肩を交互に叩き始めた。

頬を伝う雫が、膝上の手甲を濡らす。

どの位の時間が経過したのか、長かった線香が燃え尽きそうになっている。

コトッ

小さな物音とともに、手が離れた。

振り返ると、窓辺に佇む小さな背中があった。

タッ、タッ、タッ、タッ。

何度か、その場で足踏みしたかと思うと、射し込む西陽に蕩けた。

「あの子が来てくれた」


仏壇の前に直り、改めて手を合わせた。

ふと、仏壇の物入れが開いていることに気が付いた。

『かたたたきけん』

剛が、誕生日に贈ってくれたものだ。

受け取った時、これが、最後のプレゼントになるとは、微塵も思っていなかった。

十枚の綴から一枚切り取り、残りは物入れに戻した。

お守り袋に入れて、持ち歩いているという一枚を、そっと袋から出し、私に見せて下さった。

岩野さんの似顔絵と、まだ覚束ない「かたたたきけん」という文字が描かれている。

「あと九枚、残ってるのよ」

嬉しそうに顔を綻ばせ、診察に呼ばれるまで、掌の『かたたたきけん』を見つめていた。

あとがき

本書をお手にとっていただきまして、ありがとうございます。

心霊体験談を求め、彼方此方ウロウロと彷徨っております、春南灯と申します。

本書では、実話の感触をより一層、読者の皆さまの肌で感じていただけたらとの思いから、体験者様から御許可がおりたものに限り、実際の地名を用いております。

決して、心霊スポットとしてお勧めする為のものではありません。

近隣の方や、各施設へのお問い合わせは、一切、ご遠慮くださいませ。

扨、三十路を過ぎてから、縁あって、実話怪談の魅力に憑かれ今に至る私ですが、体験談の取材を重ねるうち、彼岸と此岸は思っているよりも近くて、ふとした拍子に足を踏み入れてしまう程、境界が曖昧なもの、という印象を抱くようになりました。

今まで、私がお会いした体験者様の多くは、「初めて」霊の存在を感じた、そう仰る方が殆どで、かくいう私も、時折、朧にその存在を感じる程度です。

いま、このあとがきをご覧いただいている、あなたも。もしかしたら、明日、否、数秒後に……。

本書をお読みになって、何かしらの怪異が発生したり、ご自身の体験談を思い出された方は、是非お便りをお寄せください。心よりお待ち申し上げております。

『北霊怪談　ウェンルパロ』は、たくさんの御縁から生まれた一冊です。

体験談をご提供いただきました、皆様。

その体験談に登場する、霊の皆様。

取材に赴いた地で、海の者とも山の者ともわからない私に親切にして下さった、各地の皆様。

体験談の現場の探訪中や執筆中に、彼岸からひょいと現れてくれた、霊の皆様。

いつも、あたたかい御言葉とともに応援してくださる、皆様。

すべての御縁に感謝して。

令和二年一月　粉雪舞う札幌にて

春南灯

北霊怪談　ウェンルパロ

2020年2月5日　初版第1刷発行

著者　　春南 灯

カバー　橋元浩明（sowhat.Inc）
発行人　後藤明信
発行所　株式会社　竹書房
〒102-0072　東京都千代田区飯田橋2-7-3
電話03-3264-1576（代表）
電話03-3234-6208（編集）
http://www.takeshobo.co.jp
印刷所　中央精版印刷株式会社

定価はカバーに表示しています。
落丁・乱丁本は当社までお問い合わせ下さい。

ISBN978-4-8019-2148-1 C0193